LIBRO DE NOTAS Y TAREAS
DEL ESTUDIANTE

Capstone Cu

MW01115091

Estudios Bíblicos

Módulo
1

Conversión y Llamado

La Palabra que Crea

La Palabra que Convence

La Palabra que Convierte

La Palabra que Llama

Capstone Módulo 1: Conversión y Llamado Libro de notas del estudiante

ISBN: 978-1-62932-101-1

Índice

Acerca del autor de la materia

El Rev. Dr. Don L. Davis es el Director Ejecutivo de The Urban Ministry Institute [El Instituto Ministerial Urbano y vicepresidente de *World Impact*. Asistió a la Universidad de Wheaton y la Escuela de Graduados de *Wheaton*, y se graduó con el grado summa cum laude tanto en su B. A. (1988) como en su M. A. (1989), en estudios bíblicos y teología sistemática, respectivamente. Obtuvo su Ph.D. en religión (Teología y Ética) de la Escuela de religión de la Universidad de Iowa.

Como Director Ejecutivo del Instituto y Vicepresidente Senior de *World Impact*, supervisa la formación de los misioneros urbanos, plantadores de iglesias y pastores de la ciudad, y facilita las posibilidades de formación para los obreros urbanos cristianos en la evangelización, igle-crecimiento, y misiones pioneras. También dirige los programas extensivos de aprendizaje a distancia del Instituto y facilita los esfuerzos de desarrollo de liderazgo para las organizaciones y denominaciones como la Confraternidad Carcelaria, la Iglesia Evangélica Libre de América, y la Iglesia de Dios en Cristo.

Ha sido un recipiente de numerosos premios académicos y de enseñanza, el Dr. Davis ha servido como profesor y docente en varias instituciones académicas finas, habiendo impartido conferencias y cursos de religión, teología, filosofía y estudios bíblicos en escuelas, como *Wheaton College*, Universidad de *St. Ambrose*, la Escuela Superior de Teología de *Houston*, la Universidad de Iowa de la religión, el Instituto Robert E. Webber de Estudios de adoración. Es autor de varios libros, programas de estudio y materiales de estudio para equipar a los líderes urbanos, entre ellos el currículo *Piedra Angular*, que consiste en dieciséis módulos de educación a distancia a nivel de seminario de TUMI, *Raíces Sagradas: Una cartilla para recuperar la Gran Tradición*, que se centra en cómo las iglesias urbanas pueden renovarse a través de un redescubrimiento de la fe ortodoxa histórica, y *Negro y humano: Redescubriendo al rey como recurso para la teología y ética negra*. El Dr. Davis ha participado en cátedras académicas, tales como el ciclo de conferencias *Staley*, conferencias de renovación como las manifestaciones *Promise Keepers*, y consorcios teológicos como la Serie de proyectos teológicos vívidos de la Universidad de Virginia. Recibió el Premio Distinguido *Alumni Fellow* de la Universidad de Iowa Colegio de Artes Liberales y Ciencias en el 2009. El Dr. Davis es también un miembro de la Sociedad de Literatura Bíblica, y la Academia Americana de Religión.

Acerca de la adaptación y traducción de la materia

Se intentará usar un lenguaje muy genérico. Cuando se empezó la adaptación al español de este currículo, se inició reconociendo la realidad de que el castellano tiene grandes variaciones aun dentro de un mismo país. Si bien es cierto que hay un consenso referente a nuestras reglas gramaticales, el tal no existe cuando se trata del significado o el tiempo de las palabras de uso común (por ejemplo, dependiendo de la región de un país, la palabra "ahora" pudiera significar tiempo pasado, presente o futuro). Aquellos que han tenido el privilegio de misionar transculturalmente, han experimentado claramente las pequeñas o enormes variaciones de este precioso idioma. Por esta razón, el estilo de adaptación y traducción que se emplea considera que, aunque se hable el mismo idioma, hay diferencias lingüísticas que deben ser reconocidas al adaptar el contenido de esta materia. Se ha hecho el intento, en este material, de usar un lenguaje propio, sencillo y claro; evitando comprometer los principios lingüísticos que los unen.

Se pretende usar reglas de puntuación que beneficien al estudiante. Por otro lado, por el hecho de que el contenido de este curso está dirigido a hombres y mujeres bivocacionales, comprometidos con el e.d., de Dios, multiplicando iglesias en las zonas urbanas de la ciudad, que ya están marchando o han arribado a un ministerio de tiempo completo, se usarán reglas gramaticales de puntuación que agilicen la captación del contenido de una forma más efectiva.

Se procurará ampliar el vocabulario del estudiante. Ahora bien, con el fin de ampliar éste y enriquecer su lenguaje teológico, aun cuando suponemos que el estudiante no está familiarizado con tal vocabulario, se hacen redundancias para comunicar sus variaciones y hacer mejor sentido del mismo (algunas veces se anexa una nota al lado de la página para mayor claridad).

Acerca de la Biblia que usamos

Dado que el fin de este curso es el estudio teológico de la Palabra de Dios, se ha optado por utilizar traducciones de la Biblia que son esencialmente literales como la Reina Valera 1960 y la Biblia de las Américas, siendo éstas ampliamente aceptadas como Biblias de púlpito por la Iglesia. Se evita usar traducciones de equivalencia dinámica tal como la Nueva Versión Internacional, o paráfrasis bíblicas como Dios Habla Hoy, a menos que el énfasis sea interpretativo y/o se indique previamente.

En nombre de los autores, profesores, traductores, editores y publicadores, le presentamos este material con todo el voto de confianza que se merece. ¡Que su Palabra nunca regrese vacía!

~ *Enrique Santis, traductor y presentador de Piedra Angular quien sirvió como director en el Ministerio Hispano de World Impact, Inc. por varios años.*

Introducción al módulo

¡Saludos en el poderoso nombre de Jesucristo!

Como discípulos de Cristo Jesús, confiamos plenamente en el poder que la Palabra de Dios para crear, convencer, convertir y llamar. Para entender las bendiciones maravillosas de la conversión y el llamado, necesitamos implementar una evaluación importante de la Palabra de Dios en la Iglesia.

La primera lección, *La Palabra que Crea,* explora la naturaleza de las Sagradas Escrituras como la misma Palabra de Dios. Examinaremos que la integridad perfecta de Dios garantiza el valor absoluto de la Escritura. Además, descubriremos cómo Dios creó el universo por su Palabra y como Él se identifica plenamente con las palabras de Jesucristo. Siendo el medio por quien el Espíritu Santo crea vida en aquellos que creen, comprobaremos que, al permanecer en la Palabra de Jesús, somos sus discípulos. Como miembros de la iglesia, recibimos la Palabra unidos en comunidad, la cual cumple su propósito en el universo creado al glorificar al Dios Todopoderoso.

En la siguiente lección, *La Palabra que Convence*, examinaremos cómo la Palabra convence de pecado, de justicia y de juicio. La Palabra enseña que el pecado es universal en su alcance; depravador en su naturaleza, y destructivo en su propósito. La Palabra de Dios también convence de justicia, revelando la perfecta justicia de Dios y nuestra incapacidad moral. También convence de juicio, instruyéndonos que Dios juzgará a Israel y las naciones, la Iglesia, Satanás y sus ángeles, y a todos los muertos perversos que esperan su juicio. La Palabra de Dios nos convence sobre la verdad de Jesucristo, del e.d., de Dios y de la integridad de la Palabra, dada a través de sus mensajeros, los profetas y apóstoles.

La lección tres, *La Palabra que Convierte*, se concentra en el poder de la Palabra de Dios que da vida nueva al creyente. Esta Palabra que convierte es sinónimo del evangelio de Jesús; son las buenas nuevas de salvación por la cual "nacemos de nuevo" para experimentar la regeneración y la renovación del Espíritu Santo. La Palabra hace fructíferos a quienes creemos las señales concretas de este poder renovador. Así que, la misma Palabra que crea nueva vida, es la que nos sostiene, nos nutre espiritualmente, nos hace crecer, y nos faculta para defendernos en contra de las mentiras del diablo.

Finalmente, la lección cuatro, *La Palabra que Llama,* explora los conceptos de arrepentimiento (*metanoia*) y fe (*pistis*) para con Dios. La fe en Jesucristo es la forma por la que Dios salva, libera y rescata a los creyentes del castigo, del poder y la presencia del pecado. Al volvernos del pecado hacia Dios, en Cristo, la Palabra nos lleva a recibir la nueva naturaleza (regeneración), y somos imputados (adheridos por adopción) al pueblo de Dios (el "laos" de Dios), por gracia, y sólo por la fe. La Palabra que nos llama a salvación también nos llama al discipulado (como esclavos de Jesús), a la libertad (como hijos redimidos), y a la misión (para hacer discípulos por medio de nuestro testimonio y nuestras buenas obras).

Verdaderamente, la Sagrada Escritura es útil para enseñar, para redargüir, para corregir, para instruir en justicia, a fin de que el hombre de Dios sea perfecto, enteramente preparado para toda buena obra (2 Ti. 3.16-17). ¡Que Dios le bendiga mientra explora las riquezas de la Palabra, como el aliento que crea, convence, convierte y llama!

~ *Rev. Dr. Don L. Davis*

Requisitos del curso

- Biblia y concordancia (es preferible para este curso la versión Reina Valera 1960 o La Biblia de las Américas. Sienta la libertad de utilizar traducciones *dinámicas* como por ejemplo la Nueva Versión Internacional, pero evite las paráfrasis, tales como Dios Habla Hoy, La Biblia al Día, La Versión Popular, etc.).

- Cada módulo de Piedra Angular ha asignado libros de texto, los cuales son le dos y discutidos a lo largo del curso. Le animamos a leer, reflexionar e interactuar con ellos con sus profesores, mentores y compañeros de aprendizaje. De acuerdo a la disponibilidad de los libros de texto (ej. libros fuera de impresión), mantenemos nuestra lista oficial de libros de texto requeridos por Piedra Angular. Por favor visite www.tumi.org/libros para obtener una lista actualizada de los libros de texto de este módulo.

- Papel y pluma para sus notas personales y completar las asignaturas en clase.

Porcentajes de la calificación y puntos

Asistencia y participación en la clase	30%	90 pts
Pruebas	10%	30 pts
Versículos para memorizar	15%	45 pts
Proyecto exegético	15%	45 pts
Proyecto ministerial	10%	30 pts
Asignaturas de lectura y tareas	10%	30 pts
Examen Final	10%	30 pts
Total:	**100%**	**300 pts**

Requisitos del curso

La asistencia a clase es un requisito del curso. Las ausencias afectarán su nota final. Si no puede evitar ausentarse, por favor hágalo saber anticipadamente a su mentor. Si no asiste a clase, será su responsabilidad averiguar cuáles fueron las tareas de ese día. Hable con su mentor acerca de entregar el trabajo en forma tardía. Gran parte del aprendizaje de este curso es llevado a cabo por medio de las discusiones en grupo; por lo tanto, es necesario que se involucre en las mismas.

Asistencia y participación en la clase

Cada clase comenzará con una pequeña prueba que recordará las ideas básicas de la última lección. La mejor manera de prepararse para la misma es revisar el material de su Libro de Notas y Tareas del Estudiante y las notas extraídas en la última lección.

Pruebas

Memorizar la Palabra de Dios es, como creyente y líder en la Iglesia de Jesucristo, una prioridad central para su vida y ministerio. Deberá memorizar relativamente pocos versículos; no obstante, los mismos son significativos en su contenido. Será responsable en cada clase de recitar (verbalmente o escribiéndolo de memoria) el versículo asignado por su mentor.

Versículos para memorizar

Las Escrituras son el instrumento poderoso de Dios para equipar a los creyentes con el objeto de que puedan enfrentar la obra ministerial a la cual Él los ha llamado (2 Ti.3.16-17). Para completar los requisitos de este curso, deberá hacer por escrito un estudio inductivo del pasaje mencionado en la página 10, es decir, un estudio exegético. Este estudio tendrá que ser de cinco páginas de contenido (a doble espacio, mecanografiado, en computadora o escrito a mano en forma clara) y tratar con uno de los cuatro aspectos de la Palabra de Dios cubiertos en las cuatro lecciones de este curso.

Proyecto exegético

Nuestro deseo y esperanza es que se convenza profundamente del poder de la Escritura, en lo que respecta a cambiar y afectar su vida en forma práctica, al igual que la vida de aquellos a quienes ministra. Su mentor le detallará el proyecto en la clase de introducción al curso.

Proyecto ministerial

Nuestra expectativa es que todos los estudiantes apliquen lo aprendido en sus vidas y en sus áreas ministeriales. Éstos tendrán la responsabilidad de desarrollar un proyecto ministerial que combine los principios aprendidos con una aplicación práctica en sus ministerios. Discutiremos los detalles de este proyecto en la clase de introducción.

Asignaturas de clase y tareas

Su mentor y maestro le dará varias tareas para hacer en clase o en su casa, o simplemente deberá cumplir con las tareas del Libro de Notas y Tareas del Estudiante. Si tiene alguna pregunta sobre los requisitos o las fechas de entrega, por favor pregunte a su mentor.

Lecturas

Es importante que cumpla con las lecturas asignadas del texto y pasajes de la Escritura, a fin de que esté preparado para discutir con facilidad el tema en clase. Por favor, entregue semanalmente el "Reporte de lectura modulo" del Libro de Notas y Tareas del Estudiante. Tendrá la opción de recibir más puntaje por la lectura de materiales extras.

Examen Final para hacer en casa

Al final del curso, su mentor le dará el Examen Final el cual podrá hacer en casa. Allí encontrará preguntas que le harán reflexionar sobre lo aprendido en este curso, y cómo estas enseñanzas afectan su manera de pensar, o cómo practicar estas cosas en sus ministerios. Su mentor facilitará las fechas de entrega y le dará información extra cuando el Examen Final haya sido entregado.

Calificación

Las calificaciones finales se evaluarán de la siguiente manera, siendo guardadas cada una de ellas en los archivos de cada estudiante:

A - Trabajo sobresaliente	D - Trabajo común y corriente
B - Trabajo excelente	F - Trabajo insatisfactorio
C - Trabajo satisfactorio	I - Incompleto

Las calificaciones con las letras (A, B, C, D, F, I) se otorgarán al final, con los complementos o deducciones correspondientes; y el promedio alcanzado será tomado en cuenta para determinar su calificación final, la cual se irá acumulando. Las tareas atrasadas o no entregadas afectarán su nota final. Por lo tanto, sea solícito y comunique cualquier conflicto a su instructor.

Proyecto exegético

Como parte integral de estudiar el módulo *Conversión y Llamado* de los cursos Piedra Angular, se requiere que realice una exégesis (estudio inductivo) de un pasaje de la Biblia, basado en uno de los siguientes pasajes de la Palabra de Dios:

❑ Salmos 19.7-11   ❑ Isaías 55.8-11

❑ 1 Corintios 2.9-16   ❑ 2 Timoteo 3.15-17

❑ 1 Pedro 1.22-25   ❑ 2 Pedro 1.19-21

El propósito de este proyecto es que tenga la oportunidad de realizar un estudio detallado de un pasaje significativo sobre la naturaleza y función de la Palabra de Dios. El anhelo es que, a medida que estudia los pasajes antes citados (u otro texto que usted y su mentor hayan acordado), pueda demostrar cómo este pasaje ilumina o explica el significado de la Palabra de Dios para nuestra espiritualidad y nuestra vida en la Iglesia. Esperamos también que el Espíritu Santo le ayude a conectar el significado de este proyecto directamente a su proceso personal de discipulado, como también al papel de liderazgo que Dios le ha dado en su iglesia y ministerio.

Este es un proyecto de estudio bíblico, así que, a fin de hacer *exégesis*, debe comprometerse a entender el significado del pasaje en su propio contexto, es decir, el ambiente y situaciones donde fue escrito, o las razones que originaron que se escribiera originalmente. Una vez que entienda lo que significa, puede extraer principios que se apliquen a todos y luego relacionar o conectar esos principios a nuestra vida. El siguiente proceso de tres pasos puede guiar su estudio personal del pasaje bíblico:

1. ¿Qué le estaba diciendo *Dios a la gente en la situación del texto original?*

2. ¿Qué principio(s) verdadero(s) *nos enseña el texto a toda la gente en todo lugar,* incluyendo a la gente de hoy día?

3. ¿Qué *me está pidiendo el Espíritu Santo que haga con este principio aquí mismo, hoy día,* en mi vida y ministerio?

Una vez que haya dado respuesta a estas preguntas en su estudio personal, estará preparado para escribir los hallazgos de su incursión reflectiva en su *proyecto exegético*.

El siguiente es un *ejemplo del bosquejo* para escribir su proyecto:

1. Haga una lista de lo que cree que es *el tema o idea central* del texto elegido.

2. *Resuma el significado* del pasaje completo (puede hacerlo en dos o tres párrafos), o si prefiere, escriba un comentario de cada versículo elegido.

3. *Bosqueje de uno a tres principios* que el texto provea de la naturaleza, significado y/o función de la Palabra de Dios.

4. Comente cómo uno, algunos, o todos los principios, pueden relacionarse con *una o más* de las siguientes áreas:

   a. Su propia espiritualidad y caminar con Cristo

   b. Su vida y ministerio en la iglesia local

   c. Situaciones y desafíos en su comunidad y la sociedad en general

Como recursos, por favor siéntase en libertad de leer los textos del curso y/o comentarios, e integre esas ideas o principios a su proyecto. Por supuesto, asegúrese de dar crédito a quien merece crédito, si toma prestado o construye sobre las ideas de alguien más. Puede usar referencias en el mismo texto, notas al pie de página o notas en la última página de su proyecto. Será aceptada cualquier forma que escoja para citar sus referencias, siempre y cuando 1) use sólo una forma consistente en todo su proyecto, 2) indique dónde está usando las ideas de alguien más y le dé crédito por ellas. Para más información, vea *Documentando su Tarea: una regla para ayudarle a dar crédito a quien merece crédito* en el Apéndice.

Asegúrese que su proyecto exegético cumpla las siguientes normas al ser entregado:

- Que se escriba legiblemente, ya sea a mano, a máquina o en computadora

- Que sea el estudio de uno de los pasajes bíblicos mencionados anteriormente

- Que se entregue a tiempo y no después de la fecha y hora estipulada

- Que sea de 5 páginas de texto

- Que cumpla con el criterio del *ejemplo del bosquejo* dado antes, claramente formulado para la comprensión de quien lo lea

- Que muestre cómo el pasaje se relaciona a la vida y ministerio de hoy

No deje que estas instrucciones le intimiden. ¡Este es un proyecto de estudio bíblico! Todo lo que necesita demostrar en este proyecto es que *estudió* el pasaje, *resumió* su significado, *extrajo* algunos principios del mismo y lo *relacionó* o *conectó* a su propia vida y ministerio.

Calificación   El proyecto exegético equivale a 45 puntos y representa el 15% de su calificación final; por lo tanto, asegúrese que su proyecto sea un excelente e informativo estudio de la Palabra.

Proyecto ministerial

Propósito

La Palabra de Dios es viva y eficaz, y penetra y discierne los pensamientos y las intenciones del corazón (Heb. 4.12). Santiago, el apóstol, enfatiza la necesidad de ser hacedores de la Palabra de Dios, y no oidores solamente, engañándonos a nosotros mismos. Somos exhortados a aplicar la Palabra y obedecerla. Omitir esta disciplina, sugiere Santiago, es similar a una persona que mira su propia cara en un espejo; luego se va y se olvida de lo que es (su crecimiento y sus fallas), y lo que debe ser (la expectativa de ser como Cristo). En cada caso, el hacedor de la Palabra de Dios será bendecido por medio de lo que hace con la misma (Stg. 1.22-25).

Nuestro deseo sincero es que aplique lo aprendido de manera práctica, correlacionando su aprendizaje con experiencias reales y necesidades en su vida personal, conectándolo a su ministerio en y por medio de la iglesia. Por esta razón, una parte vital de completar este módulo es desarrollar un proyecto ministerial que le ayude a compartir con otros las ideas y principios que aprendió en este curso.

Planificación y resumen

Hay muchas formas por medio de las cuales puede cumplir este requisito de su estudio. Puede escoger dirigir un estudio breve de sus ideas con un líder de su iglesia, escuela dominical, jóvenes o grupo de adultos o de estudio bíblico, o en una oportunidad ministerial. Lo que tiene que hacer es discutir algunas de las ideas que aprenda en clase con un grupo de hermanos (por supuesto, puede usar las ideas de su proyecto exegético).

Debe ser flexible en su proyecto; sea creativo y no ponga límites. Al principio del curso, comparta con su instructor acerca del contexto (circunstancias: grupo, edades, cuánto tiempo, día y hora) donde va a compartir sus ideas. Y antes de compartir con su grupo, haga un plan y evite apresurarse en seleccionar e iniciar su proyecto.

Después de efectuar su plan, escriba y entregue a su mentor un resumen de una página, o una evaluación del tiempo cuando compartió sus ideas con el grupo. El siguiente es un ejemplo del bosquejo de su resumen o evaluación:

1. Su nombre

2. El lugar y el nombre del grupo con quien compartió

3. Un resumen breve de la reunión, cómo se sintió y cómo respondieron sus oyentes

4. Lo que aprendió

Calificación

El proyecto ministerial equivale a 30 puntos, es decir, el 10% de la calificación total; por lo tanto, procure compartir el resumen de sus descubrimientos con confianza y claridad.

La Palabra que Crea

Objetivos de la lección

¡Bienvenido en el poderoso nombre de Jesucristo! Después de leer, estudiar, discutir y aplicar lo tratado en esta lección, usted estará apto para:

- Defender el hecho de que la Sagrada Escritura es la Palabra de Dios: un registro escrito de Su Palabra viva y eterna.

- Demostrar por medio de las Escrituras, que el Dios de la Biblia, el Dios Trino, asegura la veracidad de Su Palabra, haciéndola absolutamente confiable.

- Demostrar que todas las cosas en el universo fueron hechas por medio de la Palabra viva y creadora de Dios.

- Describir cómo Dios se identifica a sí mismo con Su Palabra, especialmente en Jesucristo, la Segunda persona de la Trinidad, por medio de quien Dios se revela, redime al mundo, y restaura al universo bajo Su gobierno de justicia.

- Comprobar a través de la Escritura, que la Palabra de Dios, en la cual está impregnada la vida misma de Dios, es el medio por el que el Espíritu Santo crea nueva vida en los que creen.

- Discutir la importancia de recibir y permanecer en esta Palabra implantada por Dios, lo que constituye una muestra auténtica de nuestro discipulado y verdadera adopción a la familia de Dios. Como santos de Dios, recibimos la Palabra de Dios unidos en su comunidad de pacto.

- Demostrar cómo la Palabra revela el propósito primordial del universo creado, el cual es glorificar al Dios Todopoderoso.

- Recitar de memoria un pasaje relacionado al poder creativo de la Palabra de Dios.

Devocional

El anhelo por la Palabra de Dios

Lea Salmos 19.7-11. La era en la que vivimos es conocida como la era de la pasión. La gente se entrega a la tarea de adquirir bienes, experimentar placeres, obtener posiciones y perseguir metas; algunas veces haciendo grandes sacrificios por obtener las cosas que desean. Tal vez la tragedia más triste en la vida de millones de personas, es que se están entregando a cosas que, a largo plazo, no son beneficiosas ni prometen importancia. Viven por y para placeres fugaces, posesiones materiales, y logros personales que en cien años no existirán o no tendrán importancia alguna. Para vivir bien no sólo debemos tener gran pasión, sino que debemos dirigir nuestras pasiones y anhelos hacia cosas que perduren, y fines que verdaderamente trasciendan.

De acuerdo a la Palabra de Dios, muy pocas cosas son las que verdaderamente importan; por tanto, pocas cosas deberían desearse o buscarse. Uno de los tesoros más significativos de los que habla la Escritura, es la propia Palabra de Dios. Dios declara que su Palabra, la Santa Palabra escrita, es un tesoro por el que valen la pena nuestros más sinceros y sólidos esfuerzos por adquirirlo. Nada sobre la tierra perdura como ella; nada puede proveernos de la sabiduría, la perspectiva, la esperanza y el gozo que ella nos da. La Palabra de Dios es una posesión de profundo valor, que da luz a los ojos, gozo al corazón, sabiduría al espíritu y esperanza a nuestra vida. Aquí el salmista declara cómo la Palabra viviente de Dios despierta su mayor anhelo. No hay una sola posesión a su alcance, o algo tan valioso y apreciable como la Palabra de Dios relativa a su Hijo, Su plan y nuestra esperanza. Si la guardamos seremos advertidos; si nos aferramos a ella obtendremos gran recompensa.

¿Está usted buscando la Palabra de Dios de la misma forma que busca dinero, placeres, tiempo libre, o grandes oportunidades? Nada en este mundo es tan valioso o tan significativo como el profundo conocimiento de la Palabra de Dios. ¿Dónde está hoy el deseo de su corazón?

Luego de recitar y/o cantar El Credo Niceno (localizado en el apéndice 1), haga la siguiente oración:

El Credo Niceno y oración

> *Eterno Dios, nuestro Padre, te damos gracias por haber deseado revelarte a nosotros por medio de tu Palabra. Tú nos has bendecido al preservar tus promesas y tus dichos de gracia a través de las Escrituras, las cuales inspiraste por tu Espíritu Santo. Ahora, a través del mismo Espíritu, nos enseñas de tu Hijo y tu glorioso plan para restaurar todas las cosas en Él. Bendecimos tu sublime y santo nombre por darnos tu Palabra viva y permanente; te pedimos que nos concedas tu sabiduría mientras aprendemos juntos del poder y la grandeza de tu Palabra.*

> *Misericordioso Dios y Padre celestial, Tú nos has dicho por la boca de tu Hijo amado, nuestro Señor Jesucristo, 'Orad al Señor de la cosecha.' Basados en este tu mandato divino, oramos con todo nuestro corazón que Tú les des de tu Santo*

Espíritu, a estos tus siervos, y a nosotros junto con los que son llamados a servir en tu Palabra. Amén.

~ Martín Lutero. **Devotions and Prayers of Martin Luther**. Trans. Andrew Kosten. (Grand Rapids: Baker Book House, 1965) Pág. 77.

Prueba

No hay prueba en esta lección.

Revisión de los versículos memorizados

No hay versículos para memorizar en esta lección.

Entrega de tareas

No hay tarea asignada en esta lección.

Una pregunta de habilidad

1 Hoy en día, en la sociedad contemporánea, es común que la mayoría de las personas que tienen problemas personales o profesionales los resuelvan ellos mismos o consulten a los "expertos" - científicos, doctores, consejeros u otros considerados como los que pueden ayudarles a superar sus dificultades o resolver sus problemas. ¿Qué lugar ocupa hoy la Palabra de Dios a la hora de resolver los problemas que afrontan las personas? En la sociedad de hoy, ¿cómo respetan y cómo faltan el respeto a las enseñanzas de la Palabra de Dios?

¿Dónde yace la autoridad?

2 Imagínese por un momento que se presenta un asunto crítico en el grupo de jóvenes de su iglesia local, y tiene que ver con el sexo pre-marital. A muchos de ellos en sus lugares de estudio se les está enseñando que la actividad sexual es normal y aceptable, y está bien siempre que ellos tomen precauciones contra las enfermedades de transmisión sexual y los embarazos no deseados. Los argumentos que les ofrecen se están volviendo bastante atractivos para algunos de los estudiantes de su grupo juvenil, quienes además se están preguntando cómo es que un libro tan antiguo como la Biblia puede llegar a vincularse con ellos siendo jóvenes post-modernos. ¿Qué le diría usted a los muchachos que están al borde de rechazar la autoridad de las Escrituras en su vida; y que están siendo cada vez más convencidos de que todo está bien, mientras se manejen de forma responsable y abierta?

Jesús ¡sí!, la Biblia ¡no!

Hay mucha gente que profesa una profunda fidelidad a la persona y enseñanzas de Jesucristo, pero tiene problemas respecto a la veracidad de la Biblia. Jesús enseñó amor, humildad y bondad hacia los demás; la Biblia, sin embargo, está llena de enseñanzas extraordinarias sobre ángeles, demonios y milagros, cosas que muchos pensadores modernos encuentran difíciles o imposibles de creer. ¿Cree usted que es posible aferrarse a la persona de Jesucristo, y simultáneamente cuestionar algunas cosas de la Biblia? ¿Se puede decir: "¡Sí!" a Jesucristo, pero "¡No!" o "No estoy seguro" de las Escrituras?" ¿Es necesario creer todo lo que la Biblia enseña a fin de reclamar una verdadera relación de fe en Jesucristo? ¿Por qué?

1

La Palabra que Crea

Segmento 1: Confiable, dadora de vida: ¡Jesús es la Palabra!

Rev. Dr. Don L. Davis

CONTENIDO

Las Sagradas Escrituras son la Palabra de Dios, un registro escrito de la eterna y viviente Palabra del Señor. El Dios de la Biblia, el Dios Trino, asegura la veracidad de Su Palabra haciéndola absolutamente confiable. Todas las cosas en el universo fueron hechas por medio de la Palabra creativa y vivificante de Dios. Dios Padre se unifica plenamente con la Palabra en su Hijo Jesucristo, la segunda Persona de la Trinidad, a través de quien Dios se revela a sí mismo, redime al mundo, y restaura el universo bajo Su dominio de justicia.

Resumen introductorio al segmento 1

Nuestro objetivo para el primer segmento de *La Palabra que Crea*, es permitirle ver, comprender y entender cómo:

- Las Sagradas Escrituras, la eterna y viviente Palabra de Dios, están directamente relacionadas con la persona de Dios y su obra. Por esta razón, son completamente confiables y tienen toda la autoridad respecto a todo lo que ellas aseveran y defienden.

- El universo entero y todas las formas de vida que hay en Él, fueron creados por medio del poder vivificante de la Palabra de Dios.

- Dios se identifica completamente en la Palabra de Dios, especialmente a través de la segunda Persona de la Trinidad, por quien Dios se revela a sí mismo, redime al mundo y restaura el universo bajo Su dominio de justicia.

I. Las Escrituras son la Palabra del Dios viviente, inspiradas por Su aliento, y relacionadas con Su Persona y Su Obra.

A. Las Escrituras son la Palabra de Dios viva y eterna que permanece para siempre.

1. La Palabra de Dios es eterna, y posee los atributos divinos de la verdad y la autoridad, 1 Pedro 1. 23-25.

2. La Escritura es inspirada por el "aliento" mismo del Dios Todopoderoso.

   a. 2 Timoteo 3.16-17

   b. Dios sopló Su propia esencia creativa en Su Palabra.

3. No necesitamos creer que Dios dictó las Escrituras palabra por palabra para creer que fueron inspiradas por Él. Sin embargo, sí creemos que el Espíritu Santo usó el vocabulario, las experiencias y las capacidades de los autores, en la forma que Él se propuso, a fin de que el producto final en sus manuscritos fuera una creación totalmente divina. El Espíritu inspiró el texto de tal forma que sólo Él puede ser considerado el autor de esos documentos. Es por esta razón que la Iglesia ha considerado las Escrituras como la autoridad principal y una guía confiable para nuestra fe y conducta.

   a. 2 Pedro 1.19-21

   b. Los hombres hablaron de Dios, siendo guiados en el proceso por el Espíritu Santo mismo.

B. Por el sólo hecho de haber sido inspiradas por Dios, es imposible que las Escrituras vuelvan a Él vacías y sin fruto. La Palabra de Dios es completamente confiable y tiene toda la autoridad, por tanto merece nuestra confianza y estudio.

    1. Isaías 55.8-11

        a. Los caminos de Dios son infinitamente más altos que nuestros caminos; es decir, están absolutamente fuera del alcance de nuestra indagación o descubrimiento.

        b. La Palabra de Dios es completamente efectiva en todo lo que decreta y ordena.

    2. En Isaías 44.24-26, Dios defiende la veracidad absoluta de Su Palabra.

        a. Dios declara que confirmará la palabra dicha por su siervo y cumplirá el consejo de sus mensajeros. Su Palabra es verdad.

        b. Dios confirma su Palabra con veracidad y fidelidad absolutas. Como Jesús afirmó en Juan 10.35: "La Escritura no puede ser quebrantada".

C. Debido a su perfecta confiabilidad, la Palabra de Dios es engrandecida y alabada en toda la Biblia.

    1. Es alabada por su eternidad absoluta, Mateo 5.18.

    2. Es alabada por medio de la exaltación que Dios mismo le da a Su Palabra, Isaías 42.21.

3. Es alabada juntamente con Su Santo Nombre, Salmos 138.1-2.

4. Es alabada por su realidad perdurable, Mateo 24.35.

5. La perfección, iluminación, confiabilidad, y fidelidad de la Palabra de Dios son reconocidas y afirmadas, Salmos 19 y 119.

II. El Dios Todopoderoso, actuando por medio de la fuerza creativa de Su Palabra, creó todas las cosas en el universo.

A. El SEÑOR, el Dios de Israel, es el Creador de los cielos y la tierra; el universo no se hizo a sí mismo ni se sostiene por sí mismo.

1. Génesis 1.1

2. Proverbios 16.4

3. Hebreos 1.10

B. Dios creó el universo *"ex nihilo"*, es decir, de la nada.

1. Hebreos 11.3

2. Salmos 33.6

3. Salmos 33.8-9

4. 2 Pedro 3.5

C. Dios creó el universo por medio del Logos, Su Palabra, la cual es Cristo.

1. Juan 1.1-3

2. Colosenses 1.16

3. La Palabra de Dios tiene un lugar importante en la obra creadora del universo. ¡La Palabra de Dios es una Palabra que crea!

III. Existe una asociación íntima entre Dios Todopoderoso y Su Palabra, es decir, "el Verbo".

A. Dios se da a conocer a través de la revelación general. Dicha revelación es aquel aspecto de Dios que lo hace accesible a todas las personas en todo momento.

1. Generalmente, Dios se revela en el aspecto físico, en la gloria de la creación y la naturaleza, Salmos 19.1.

2. Dios también se revela en la historia del ser humano: el pueblo de Israel.

3. Dios se revela en la naturaleza humana, Salmos 8.

a. La razón

b. La conciencia

c. Las cualidades morales y espirituales

B. Dios también se da a conocer por medio de la revelación especial. Revelación especial significa que Dios mismo se revela a ciertas personas, en tiempos y lugares muy específicos, para Sus propios propósitos.

1. Dios se da a conocer en revelación especial a través de eventos históricos.

   a. La vida de los patriarcas

   b. El evento del Éxodo

   c. La construcción del templo

2. Dios se da a conocer en revelación especial a través del discurso divino.

   a. "La Palabra del Señor", dada audiblemente, en sueños, o en visión.

   b. Este estilo fue perfeccionado en la Palabra "enunciada", es decir, en las Sagradas Escrituras.

3. Dios se da a conocer en revelación especial, a través de la encarnación de la Palabra en la persona y obra de Jesucristo.

   a. Dios se identifica directamente con la Palabra en la persona de Jesucristo, Juan 1.1-2.

   b. Jesucristo es la Palabra de Dios hecha carne, Juan 1.14.

      (1) Dios se reveló concretamente en cuerpo, tiempo y espacio.

1

(2) Fue una revelación particular para que toda la humanidad viera.

    c. Ninguna otra persona o cosa, puede declarar la gloria de Dios como la Palabra hecha carne puede hacerlo.

       (1) Juan 1.18

       (2) 1 Juan 1.1-3

    d. El nombre de Jesús es llamado explícitamente "La Palabra de Dios", Apocalipsis 19.13.

C. Existen dos formas principales de la Palabra de Dios: la Palabra enunciada y la Palabra personal.

   1. Forma 1: la Palabra "enunciada" de Dios - la Palabra escrita, inspirada por Dios.

     a. La inspirada Palabra de Dios escrita, las Escrituras Hebreas del Antiguo Testamento y las Escrituras cristianas del Nuevo Testamento.

     b. Una biblioteca inspirada por el Espíritu hace más de 1500 años, con 40 autores.

   2. Forma 2: la Palabra "personal" de Dios - el Señor Jesucristo.

     a. Jesús es la Palabra personificada de la revelación, y da testimonio culmine de la persona de Dios, Mateo 11.27.

     b. Jesús es la Palabra personificada de la redención, la cual nos lleva de regreso a Dios, Juan 14.6.

El cumplimiento del tiempo de Dios:

El Hijo dejó la dimensión eterna, con todas sus riquezas y su gloria (Fil. 2.7-10), y entró en la dimensión del tiempo (el universo, la tierra y las condiciones que la gobiernan, el lugar donde fuimos creados); dirigido de forma soberana por el Espíritu Santo, tomó un cuerpo humano por la concepción de una virgen (Mt. 1.23), vivió en el anonimato por 30 años (Lc. 3.23); salió a la escena pública, demostrando su poder y su gloria; en tres años entrenó a cientos de hombres y mujeres, demostrándoles su amor y compasión, delegando su liderazgo a 12 hombres comunes (Lc. 6.13); murió de la forma más vergonzosa y atroz, la muerte de cruz (Mt. 27.37); ascendió a la diestra del Padre (Hch. 1.11); y desde ahí intercede por los que ha comprado con su propia sangre, esperando el cumplimiento de todas las cosas para poder arrebatarlos consigo mismo (1 Ts. 4.17), y juzgar a todos los vivos y muertos (2 Tim. 4.1; Ap. 5.9), todo dominio será nuevamente suyo (Ap. 11.15).

~ Enrique Santis

Conclusión

» Las Sagradas Escrituras son la Palabra creativa de Dios; un registro escrito de la Palabra viva y eterna del Señor. Las Escrituras son absolutamente confiables e infalibles.

» Dios creó el universo entero por medio de su Palabra creativa y vivificante.

» Dios se identifica completamente con la Palabra en la persona de Jesucristo.

Seguimiento 1

Preguntas y reflexión acerca del contenido del video

Por favor tome el tiempo que tenga disponible para responder a estas y otras preguntas que el video haya despertado en usted respecto al poder creativo de la Palabra de Dios. Sea claro y conciso al responderlas. Siempre que le sea posible, ¡respalde sus respuestas con las Escrituras!

1. Las Escrituras, ¿de qué manera afirman ser la Palabra de Dios? ¿Qué significa que las Escrituras sean inspiradas por el aliento mismo de Dios?

2. ¿Cuál es el significado de la enseñanza bíblica que dice que la Palabra de Dios "vive y permanece para siempre"?

3. ¿Cómo hizo Dios para inspirar Su Palabra sin habérsela dictado a los autores ni haberlos puesto en trance para apoderarse de sus mentes? ¿Qué quiere decir la Biblia cuando dice que los autores fueron "movidos" por el Espíritu Santo?

4. ¿Cómo puede un creyente estar seguro que las Escrituras son absolutamente fidedignas y confiables?

5. ¿Qué implica la frase: la Palabra de Dios es engrandecida y exaltada a lo largo de toda la Escritura?

6. ¿Cuál es la relación entre la creación del universo y la Palabra de Dios? ¿Cuál es el significado de la frase en Latín "ex nihilo", y cómo se relaciona este concepto a Dios y Su creación?

7. ¿Qué dice la Escritura acerca de la relación de la creación del universo y el Logos o Palabra de Dios, es decir, Jesucristo?

8. ¿Qué significa "revelación general" ¿De qué maneras específicas se ha revelado Dios a la humanidad en forma "general"?

9. ¿Cuál es el significado de la frase "revelación especial"? ¿De qué formas específicas se ha revelado Dios a personas determinadas en lugares y momentos específicos?

1

10. ¿Cuál es la diferencia entre la Palabra "enunciada" y la Palabra "personal" de Dios? ¿Cómo se relacionan entre sí? ¿Tiene mayor precedencia (es decir, es más importante) una que la otra? Explique.

La Palabra que Crea

Segmento 2: Semilla de vida y señal del auténtico discipulado

Rev. Dr. Don L. Davis

La Palabra de Dios es el medio por el cual el Espíritu Santo produce vida nueva en aquellos que creen. Por tanto, recibir y permanecer en la Palabra implantada de Dios es una señal del discipulado y de la auténtica adopción a la familia de Dios. Como santos de Dios, nosotros recibimos juntos la Palabra de Dios en su comunidad de pacto (la iglesia local). Finalmente, a causa de la integridad de la Palabra, solamente ella puede declararnos el propósito principal del universo creado, el cual es glorificar al Dios Todopoderoso.

Nuestro objetivo para este segundo segmento de *La Palabra que Crea*, es capacitarle para que usted pueda ver:

- Que en la Palabra de Dios está infundida la vida misma de Dios; y por eso, ninguna espiritualidad ni religión auténtica es posible sin el poder vivificante de la Palabra de Dios. Dios produce vida nueva en los creyentes a través de su Palabra, por medio de la iluminación del Espíritu Santo.

- Que la verdadera señal del discipulado es permanecer y continuar en una constante recepción de la Palabra de Dios en espíritu y en verdad. La madurez espiritual está directamente conectada con el escuchar y obedecer la Palabra de Dios en la Iglesia.

- Que a causa de su autoridad infalible, solamente la Palabra de Dios puede proveernos del propósito más sublime para el universo creado, el cual es darle honor y gloria a Dios en todas las cosas.

Resumen introductorio al segmento 2

I. La Palabra de Dios está impregnada de la esencia misma de Dios; por consiguiente, produce vida nueva en aquellos que creen.

A. La Palabra crea vida espiritual en respuesta a la fe en la obra de Jesucristo.

    1. La Palabra de Dios es absolutamente primordial en la creación de vida espiritual en el creyente.

        a. Santiago 1.18

        b. Santiago 1.21

    2. La Palabra de Dios es el instrumento y la semilla indestructible que da origen a la vida nueva en nosotros por medio de nuestra fe en Jesucristo, 1 Pedro 1.22-23.

    3. El evangelio que concierne a Jesús y su Reino no es de origen humano, sino que es "precisamente la Palabra de Dios", 1 Tesalonicenses 2.13.

B. La vida espiritual es creada por la Palabra viva de Dios: vivimos por cada palabra que procede de la boca de Dios.

    1. Sostenemos esta verdad basada en la autoridad de Jesucristo.

        a. La tentación de Jesús

        b. La cita de Deuteronomio: El papel singular de la Palabra de Dios, Deuteronomio 8.3; compárese con Mateo 4.4.

1

2. La Palabra de Dios tiene una vitalidad espiritual y un poder creativo extraordinarios para iluminar el alma espiritualmente, Salmos 19.7-11.

3. Ninguna parte de la Palabra de Dios debe considerarse inútil o superflua; cada jota y cada tilde serán tenidos en cuenta, ninguna cosa pasará desapercibida.

4. Dios se niega completamente a romper Su promesa de pacto: las Escrituras son confiables porque Dios es fiel.

   a. 2 Reyes 13.23

   b. 1 Crónicas 16.14-17

C. Dios da entendimiento de su Palabra enviando su Espíritu Santo a los creyentes, 1 Corintios 2.9-16.

1. El incrédulo (es decir, el "hombre natural") no tiene el Espíritu Santo, y por consiguiente, no puede comprender el mensaje o la enseñanza de la Palabra.

2. La persona espiritual (es decir, aquella que es guiada por el Espíritu Santo), no sólo entiende lo que dice la Palabra de Dios, sino que además escapa al juicio de aquellos que no pueden comprenderla.

3. El mismo Espíritu que inspiró la Palabra, es el mismo que la interpreta, 2 Pedro 1.21.

II. La verdadera señal del discipulado es permanecer nutriéndose contínuamente de la Palabra de Dios.

A. La señal del verdadero discipulado es permanecer contínuamente en la Palabra de Cristo.

1. Juan 8.31-32

2. "Permanecer" es mantenerse presente, hacer morada, vivir dentro, Salmos 1.1-3.

3. En el Antiguo Testamento, el significado de "permanecer" es similar a la idea de "meditar".

   a. Salmos 1.1-3

   b. Josué 1.8

B. El crecimiento y la madurez espiritual dependen de cómo nos nutrimos de las verdades existentes en la creativa y vivificante Palabra de Dios.

1. Los creyentes debemos desear la leche pura de la Palabra de Dios, a fin de que podamos crecer alimentándonos de ella, 1 Pedro 2.2.

2. Pablo, en su desafío a los ancianos de Éfeso, los encomienda a Dios y a la Palabra de su gracia, "que tiene poder para sobreedificaros y daros herencia con todos los santificados", Hechos 20.32.

3. Los colosenses fueron exhortados a permitir que la Palabra de Dios habite en abundancia en ellos, Colosenses 3.16.

4. Pablo le da a Timoteo la autoridad de estudiar para presentarse a Dios aprobado, como obrero que usa bien la Palabra de verdad con precisión (ortotomeo), 2 Timoteo 2.15.

5. Hay muchas formas de permanecer en la Palabra de Dios.

    a. Debemos leerla. Apocalipsis 1.3 promete una bendición para aquellos que leen la Palabra de Dios.

    b. Debemos memorizarla. En Salmos 119.11, David dice que él guarda la Palabra de Dios en su corazón para no pecar contra el Señor.

    c. Debemos meditar en ella. Salmos 1.2 dice que el hombre de Dios medita, susurra y digiere la Palabra de Dios de día y de noche.

    d. Debemos estudiarla. Los de Berea fueron llamados "más nobles" que los tesalonicenses en Hechos 17.11, porque ellos no solamente escucharon las palabras del apóstol Pablo, sino que también escudriñaban las Escrituras diariamente para validar el evangelio de Pablo.

    e. Debemos escucharla cuando se predica y se enseña en la Iglesia. No debemos menospreciar las profecías de la Palabra sino escucharlas, porque como dice Romanos 10.17: "la fe es por el oír, y el oír, por la palabra de Dios".

    f. Debemos incluirla en nuestro diario vivir y en todas nuestras conversaciones. La Palabra creadora debe volverse una fuerza

Gr. Ortotomeo:
Es el vocablo que describe "manejar la Palabra con precisión". Entre otros más, era un término usado por los que practicaban la medicina, en particular para referirse a la disección con bisturí. Sugiere que el objeto (en este caso la Palabra) se examina parte por parte y minuciosamente, hasta comprender cómo funciona cada uno de sus componentes; cómo cada parte se interconecta y relaciona con las demás.
~ Enrique Santis

dominante en nuestra vida, como se menciona en las palabras del "Shema" en Deuteronomio 6.4-9.

C. Esta Palabra creativa de Dios debe ser escuchada y obedecida en el contexto de la comunidad cristiana.

    1. No debemos menospreciar las profecías, ni contristar al Espíritu Santo, 1 Tesalonicenses 5.19-22.

    2. La Palabra vendrá en medio de la congregación, 1 Corintios 14.26.

    3. Dios le ha dado a la Iglesia hombres y mujeres quienes (sin ser más especiales que los demás) han sido especialmente dotados por el Espíritu Santo para enseñar la Palabra de Dios, Efesios 4.11-13.

III. La Palabra revela el propósito eterno de Dios para el universo: Que todas las cosas le rindan gloria y honra a Él como Señor.

A. Existe un latir de energía que vibra en el corazón de la historia divina. Todas las cosas fueron creadas para darle gloria, honor y alabanza a Él y a su glorioso nombre.

    1. Todas las cosas fueron creadas con un propósito diseñado por Dios, Proverbios 16.4.

    2. Todas las cosas en el cielo y en la tierra, sean visibles o invisibles, los ángeles y criaturas, sean humanas o animales, y todo lo que existe, fue creado por Dios para su gloria.

        a. Colosenses 1.16

    b.   Apocalipsis 4.11

    c.   Salmos 150.6

3.   La nación de Israel, el pueblo escogido por Dios, fue seleccionada para Su gloria.

    a.   Isaías 43.7

    b.   Isaías 43.21

    c.   Compárese con Isaías 43.25; 60.1, 3, 21

4.   Dios salva a la raza humana a fin de ser honrado y glorificado, Romanos 9.23; Efesios 2.7.

5.   Todo el servicio y las obras que hace el pueblo de Dios, deben ser hechos para Su gloria, 1 Corintios 10.31; Juan 15.8; Mateo 5.16.

6.   El propósito más alto del creyente: el testimonio personal de la gloria de Dios en Cristo, y compartir en esa misma gloria cuando Él aparezca en el cielo.

    a.   Juan 17.22

    b.   Colosenses 3.4

Al tomarse en su totalidad, la Biblia difiere en su esencia y propósito de cualquier otro libro en el mundo. Se mantiene suprema, reflejando el lugar de [la raza humana] y [su] oportunidad de salvación; la cual es el carácter y la obra supremos de Jesucristo como único [y suficiente] Salvador, y nos da da [la honrosa participación de gozar en] la infinita gloria que le pertenece a Dios mismo. Es el libro que revela el Creador a sus criaturas, y descubre el plan por el cual todos [los seres humanos], con todas [sus] imperfecciones, pueden ser reconciliados por medio de un eterno compañerismo con el Dios eterno.

~ Lewis Sperry Chafer
Major Bible Themes.
Grand Rapids:
Zondervan, 1974.
Pág. 29.

B. Cuando nos sometemos a la Palabra creativa de Dios, ésta nos provee la fuerza y la dirección que necesitamos, a fin de cumplir con el propósito de honrarlo y glorificarlo.

1. La Palabra descubre nuestras más íntimas motivaciones y deseos (buenos o malos), Hebreos 4.12.

2. Alinea nuestro corazón vacilante con Su propósito majestuoso y eterno.

   a. La Escritura es la alegría y el regocijo de nuestros corazones, Jeremías 15.16.

   b. La Palabra de Dios causa una gran conmoción dentro de nuestro corazón, a medida que vamos cediendo a Su poder, Jeremías 20.9.

3. Nos transforma por la renovación de nuestra mente y la alinea con la voluntad perfecta de Dios, Romanos 12.1-2.

Conclusión

» La Palabra de Dios está impregnada con la esencia misma de Dios, y es el conducto por el cual el Espíritu Santo produce vida nueva en aquellos que creen.

» Los verdaderos discípulos de Jesucristo permanecen en su Palabra.

» El Espíritu Santo nos enseña que el propósito primordial del universo creado es glorificar al Dios Todopoderoso.

» Las Escrituras, la Palabra que crea, nos capacitan a través del Espíritu Santo para glorificar a Dios al vivir bajo Su señorío.

1

Las siguientes preguntas fueron diseñadas para ayudarle a repasar el material en el segundo video del segmento; éste se enfoca en los atributos dadores de vida de la Palabra de Dios en nuestra vida. Sea claro y conciso en las respuestas, y cuando le sea posible, ¡apóyelas con la Escritura!

1. ¿Cómo describe la Biblia el papel que las Escrituras desempeñan en proveer la vida nueva en aquellos que creen en Cristo? ¿Cuál es la función que representa la fe junto a la Palabra en la creación del nuevo nacimiento?

2. ¿Cuál es la lección que nos enseña la tentación de Jesús respecto al poder de la Palabra de Dios para nuestra vida? ¿Qué verdad citó Jesús al enfrentarse al diablo y sus engaños en el desierto?

3. ¿Qué función desempeña el Espíritu Santo para ayudar a la persona "espiritual" a aferrarse al significado de las Sagradas Escrituras? ¿Pueden las personas naturales entenderlas? ¿Por qué?

4. ¿Cuál es la verdadera señal del discipulado en Jesucristo? ¿Cuál es la relación entre crecer espiritualmente y alimentarse de la Palabra de Dios?

5. ¿Cuáles son algunas maneras que la Escritura sugiere para que uno pueda permanecer en la Palabra de Dios? ¿Cómo se conecta el permanecer en la Palabra con el vivir en una comunidad cristiana?

6. ¿Qué personas en particular ha provisto Dios a la Iglesia para ayudarle a entender y aplicar la Palabra de Dios? ¿Qué papel debe usted cumplir para equipar a los cristianos para el ministerio?

7. De acuerdo a la Escritura, ¿cuál es el propósito eterno de Dios para el universo creado?

8. ¿Cuál es el mayor propósito que Dios ha señalado para los creyentes, y cómo deben ellos aplicarlo en su vida?

9. ¿En qué manera son las Escrituras únicas y por sobre todos los libros del mundo?

10. ¿Qué podemos esperar que ocurra en nuestro corazón y nuestra vida cuando nos sometemos a la Palabra creativa de Dios? Explique.

Seguimiento 2

Preguntas y reflexión acerca del contenido del video

1

CONEXIÓN ▶

Resumen de conceptos importantes

Esta lección se concentra en aspectos cruciales del poder creativo de la Palabra de Dios; objetivamente en la creación del universo, y subjetivamente en la creación de la nueva vida espiritual en el corazón del creyente. En todo sentido, tener noción de la Palabra de Dios es muy importante para entender la obra de Dios en el mundo y a través de toda la historia humana.

- Las Sagradas Escrituras son la eterna y viviente Palabra de Dios. Ellas están saturadas de la esencia misma de Dios, por Su propia inspiración y por la forma en que además se identifican directamente con la persona y obra de Dios.

- Debido a que las Escrituras están íntimamente asociadas a la persona y obra de Dios, ellas son completamente confiables y tienen toda autoridad respecto a cualquier asunto de fe, en todo lo que afirman y proclaman ser verdadero.

- El universo entero y toda la vida contenida en él, fue creado *"ex nihilo"* (es decir, de la nada), por medio del poder vivificante de la Palabra de Dios, es decir, por las palabras que pronunció en el momento de la creación. Además, Dios Todopoderoso creó todas las cosas por medio de la Palabra viviente, la cual es Jesucristo (Juan 1.1-3; Colosenses 1.16).

- Las Escrituras son la Palabra "enunciada" de Dios, inspiradas por el Espíritu; e incluye tanto al Antiguo Testamento (las Escrituras Hebreas) como al Nuevo Testamento (las Escrituras Cristianas).

- Dios se identifica completamente con la Palabra Personal de Dios en Jesucristo, a través de quien Dios se revela al mundo y lo redime, y por quien restaurará el universo bajo Su dominio de justicia.

- La Palabra de Dios, cuyo autor es el Espíritu Santo, es el instrumento clave por el cual es creada la nueva vida en aquellos que creen en Jesús. El mensaje del evangelio es la semilla espiritual que nos hace nacer de nuevo (Juan 3.3-7).

- La señal auténtica del verdadero discipulado en Cristo es permanecer y continuar en la Palabra de Jesús, la cual libera a todo el que cree.

- Dios le ha otorgado el Espíritu Santo a cada creyente, a fin de que podamos entender y asimilar el significado de las Escrituras que Él ha inspirado (1 Corintios 2.9-16, compárese con 2 Pedro 1.21-22).

- El Espíritu Santo nos enseña que el mayor propósito del mundo creado es glorificar al Dios Todopoderoso (Isaías 43.7; Proverbios 16.4; 1 Corintios 10.31).

- Las Escrituras, la Palabra que crea, nos permiten glorificar a Dios por el Espíritu mientras vivimos bajo Su señorío.

1

⌐ Las Escrituras; la Palabra que crea, nos capacitan por el Espíritu a glorificar a Dios mientras vivimos bajo Su dominio.

Ahora es tiempo de compartir con sus compañeros de clase sus preguntas acerca del poder de la Palabra que crea. ¿Qué preguntas en particular le han surgido a la luz del material que acaba de estudiar? Tal vez las siguientes preguntas estimulen su discusión y ayuden a formular preguntas más específicas y puntuales.

Aplicación del estudiante

* Cuando decimos que las Escrituras son "inspiradas por Dios", ¿nos referimos a los "manuscritos originales" (esto es, los documentos que escribieron los profetas y apóstoles), las traducciones, las copias de las traducciones, o todos estos?

* Tomando en cuenta que Dios creó al mundo por su palabra, ¿qué impacto tiene nuestra creencia en las discusiones sobre la teoría de la evolución? ¿Debemos o no debemos preocuparnos por la teoría de la evolución? ¿Por qué?

* Si la Palabra de Dios es viva, activa y creativa, ¿por qué parece no actuar de la misma manera en el corazón de todas las personas que la escuchan? ¿Por qué hay tanta gente en nuestro tiempo que rechaza el mensaje de la Palabra?

* ¿Cuál es exactamente la relación entre la Palabra de Dios en Jesucristo y la Palabra de Dios en la Escritura? ¿Debe tomar precedencia o mayor importancia una sobre la otra? ¿Deben tomarse y reverenciarse de la misma manera?

* ¿Cómo debemos relacionarnos con el Espíritu Santo, hablando en términos prácticos, para que Él nos enseñe por medio del estudio de la Palabra de Dios?

* Si uno fuera a estudiar la Palabra de Dios en un contexto comunitario (con un grupo de cristianos), ¿cuál es la función y la importancia del estudio personal de la Palabra de Dios? ¿Qué sucede si yo estoy en desacuerdo con algunas de las cosas que están siendo enseñadas en mi iglesia o por mi pastor? ¿Qué debería hacer?

Casos de estudio

Un serio desacuerdo

La iglesia ha estado estudiando una serie de clases acerca de la Segunda Venida de Jesús, y una joven líder cristiana ha tenido dificultad para entender ciertas enseñanzas en los sermones del pastor, además de estar en desacuerdo. Ella ha pasado tiempo discutiendo algunos de los puntos con el pastor; aunque ninguno de ellos es crítico, puesto que no niegan la enseñanza de las Escrituras. El pastor ha dejado en claro a todos que su interpretación de la Escritura es personal y que los miembros de su iglesia pueden estar en desacuerdo con él, pero él es un maestro seguro, y muchos han encontrado muy convincentes sus enseñanzas. El pastor es un líder bíblico, un buen maestro cristiano, y un humilde hermano en Cristo. ¿Qué debería hacer esta joven en tal situación?

¿Negación de la fe?

2 En la clase de ciencias, a uno de los estudiantes del grupo juvenil se le encargó escribir un ensayo sobre la teoría de la evolución. Este mismo estudiante ha estado aprendiendo en la iglesia cómo Dios creó los planetas por medio de su Palabra, y más específicamente, a través de Jesucristo. Él cree en las Escrituras, y que la enseñanza de la Biblia acerca de la creación es correcta; sin embargo, la Biblia parece no hablar de todos los asuntos que él está enfrentando en la clase de ciencias. Él no quiere convertir su clase de ciencias en un grupo de discusión religiosa; no obstante, está tratando de encontrar la manera de compartir en su clase de ciencias el punto de vista que tiene la Biblia sobre la creación. Si este joven hermano viniera a pedirle consejo, ¿qué le aconsejaría que hiciera o dejara de hacer?

La Palabra de Dios según Reina-Valera

3 En uno de los grupos de estudio bíblico hogareño, surgieron serios desacuerdos y conflictos acerca de qué traducción de la Biblia es la mejor para ese fin. Los creyentes más antiguos afirman que la única Biblia que se debe usar en el grupo es la versión Reina-Valera, una traducción respetada y atesorada por la iglesia. Los creyentes más nuevos insisten en usar una traducción más "moderna", porque la encuentran más fácil de entender y memorizar. Cuando los versículos de la traducción nueva son leídos, los creyentes de más tiempo sienten que el verdadero sentido del versículo está cambiado. Ambas partes saben que la Biblia no fue escrita originalmente en español, pero tampoco ninguno de ellos entiende hebreo o griego. Como pastor, ¿cómo resolvería usted este dilema en el grupo de estudio?

Usted necesita del Espíritu Santo.

4 Después de escuchar una predicación en la televisión que decía que ninguno puede entender la Biblia sin la ayuda del Espíritu Santo, uno de los diáconos de la iglesia se preocupó profundamente por su incapacidad para entender las Escrituras. Mientras que el diácono entiende que el Espíritu Santo mora en él y fue "sellado" por Dios cuando aceptó a Jesús (Romanos 8.1-18; Efesios 1.13; Gálatas 5.16-23), él no sabe qué significa ser

1

"enseñado" por el Espíritu Santo. Él está escéptico a la idea de hacer ciertas prácticas emocionales, sólo con el objetivo de decir que está siendo enseñado por el Espíritu, y que todos reconozcan que este querido hermano es maduro, piadoso, y un consagrado siervo de Cristo. Él solamente quiere entender lo que significa ser enseñado por el Espíritu. ¿Cómo le enseñaría usted a este hermano a entender la función educativa del Espíritu Santo en su comprensión de la Biblia?

Las Sagradas Escrituras son la Palabra de Dios; un registro escrito de la Palabra viva y eterna del Señor. Debido a que son inspiradas por el Espíritu Santo (literalmente, por el aliento de Dios), son absolutamente confiables y fidedignas en todo lo que afirman y sostienen. La Palabra de Dios nos muestra el propósito eterno de Dios para la creación, es decir, que todas las cosas fueron hechas a través de la Palabra creativa y vivificante de Dios para su gloria. El Señor se identifica completamente con la Palabra de Dios en Jesucristo. Él es el único por quien Dios se revela a sí mismo, redime al mundo, y restaurará el universo que está bajo Su dominio de justicia. Esta Palabra crea, a través del Espíritu, una nueva vida en aquellos que creen. El verdadero discipulado implica permanecer en su Palabra en la Iglesia, lo que produce madurez espiritual en el creyente, profundidad en sus convicciones, y crecimiento en el propósito y voluntad de Dios.

Reafirmación de la tesis de la lección

Si le interesa investigar más acerca de *La Palabra que Crea,* considere leer estos libros (algunos de estos t tulos pueden estar disponibles en español, o revise nuestro portal en la red cibernética para recursos adicionales en español):

Recursos y bibliografía

Fee, Gordon D. and Douglas Stuart. *How to Read the Bible for All its Worth.* Grand Rapids: Zondervan, 1982.

Montgomery, John Warwick. *God's Inerrant Word.* Minneapolis: Bethany Fellowship, 1973.

Sproul, R.C. *Knowing Scripture.* Downers Grove: InterVarsity, 1977.

Tenney, Merrill. *The Bible: The Living Word of Revelation.* Grand Rapids: Zondervan, 1968.

Ahora es tiempo de afianzar su estudio del poder creativo de la Palabra de Dios de una manera práctica, conectándolo al ministerio del que está o estuvo a cargo; algo en lo que usted pueda pensar y tener en oración durante toda la semana siguiente. Aplicando lo aprendido, ¿cómo necesitará ser demostrado el poder creativo de la Palabra de Dios en su

Conexiones ministeriales

vida y ministerio durante esta semana? ¿Ha desarrollado algún conocimiento en esta lección que necesite ser enfatizado en lo que está haciendo en el ministerio de su iglesia? ¿Qué concepto en particular le ha sugerido el Espíritu Santo que usted necesita entender mejor, o que debe usted estudiar más ampliamente? Medite en la presencia del Señor por un momento, y pídale que le revele específicamente cómo puede entender mejor la realidad de que Su Palabra es la Palabra que crea en la iglesia, su familia, y en su propia vida.

Consejería y oración

Pídale al Espíritu Santo que ilumine su corazón respecto al poder vivificante y la energía divina que dan vida y llenan la Palabra de Dios. Pídale a Dios que le dé mayor discernimiento acerca del significado de su Palabra, y le conceda más y mejor tiempo en su vida para leer, estudiar, memorizar y meditar en ella esta semana. También pídale a Dios que las predicaciones y enseñanzas de su iglesia tomen vida en su corazón cuando las escuche y medite en sus verdades. Ante todo, pídale a Dios que le use más y más como un maestro de la Palabra de Dios instruido por el Espíritu Santo, para que la persona y los propósitos de Dios sean dados a conocer de forma clara a través de sus enseñanzas. Mientras más entienda la Palabra de Dios, ésta se derramará más en su alma, y más grande será el impacto de su ministerio y su testimonio tanto en su iglesia como en las diversas responsabilidades que Dios le ha concedido para representarle.

ASIGNATURAS

Versículos para memorizar

2 Pedro 1.19-21

Lectura del texto asignado

Para prepararse para la clase, por favor visite www.tumi.org/libros para encontrar las lecturas asignadas de la próxima semana o pregunte a su mentor.

Otras asignaturas o tareas

En la próxima clase tendrá una prueba rápida del contenido de esta lección (el contenido del video). Asegúrese de repasar sus notas, enfocándose especialmente en la idea central de esta lección. Lea las lecturas asignadas, y resuma cada lectura en un párrafo o dos. En este resumen, por favor exponga su mejor comprensión de cuál es el punto central en cada una de las lecturas. No se preocupe por dar detalles; simplemente escriba lo que considera ser el punto central que se discute en esa sección del libro. Por favor, traiga estos resúmenes a la clase la próxima semana. (Vea el "Reporte de lectura" al final de esta lección).

En la lección de la próxima semana, continuaremos explorando el poder de la Palabra de Dios como el instrumento del Espíritu Santo para convencer al mundo de pecado, justicia, y juicio. Respecto al pecado, la Palabra de Dios nos convence de nuestra desobediencia a Su Ley. Respecto a la justicia, nos revela al Señor como alguien infinitamente justo y a nuestra justicia como algo inaceptable. Respecto al juicio, nos muestra la intención de Dios de traer a cuentas a todos los seres vivientes juntamente con sus "justas demandas". También veremos cómo la Palabra nos convence de la verdad de Jesucristo como tema y enfoque central de la Biblia, del Reino de Dios como el cierre de telón en la historia de Dios, y de los profetas y apóstoles como los testigos verdaderos y confiables de la revelación de Dios en el mundo.

Esperamos ansiosamente la próxima lección

1

Nombre _____

Fecha _____

Por cada lectura asignada, escriba un corto resumen (uno o dos párrafos) de la idea central del autor. (Si se le pide otro material o lee material adicional, use la parte de atrás de esta hoja).

Lectura #1

Título y autor:_____ páginas _____

Lectura #2

Título y autor:_____ páginas _____

La Palabra que Convence

Objetivos de la lección

¡Bienvenido en el poderoso nombre de Jesucristo! Después de leer, estudiar, discutir y aplicar el material de esta lección, usted podrá articular y defender con la Escritura, lo siguiente:

- La Palabra de Dios convence de pecado, de justicia, y de juicio.

- De todas las formas en que podemos entender la persona y la obra de Dios, es Su Palabra en la Escritura la que nos capacita para entender el pecado, el cual es universal en su alcance y corrupto en su carácter.

- La Ley de Dios nos convence de pecado, revelándonos la distancia entre nuestras acciones e intenciones y las santas demandas de Dios.

- La Palabra de Dios convence de justicia, revelándonos nuestra incapacidad para cumplir la Ley de Dios, y Su justificación por la fe a través de la muerte y resurrección de Jesucristo.

- La Palabra de Dios nos convence respecto al juicio, revelándonos la intención de Dios de traer a cuentas a todas las criaturas, estén donde estén, y también de Su juicio venidero sobre Israel y las demás naciones, la Iglesia, Satanás y sus ángeles, y todo los que hayan muerto sin Cristo.

- La Palabra de Dios produce convicción acerca de la naturaleza de la verdad, es decir, lo que es verdadero respecto a Dios, Su obra en el mundo, y el destino y propósito de la humanidad.

- La Palabra de Dios también produce convicción acerca del tema primario de las Escrituras: la revelación de la persona y obra de Jesucristo.

- La Palabra de Dios también produce convicción respecto al desenlace de la revelación total de Dios: la revelación del plan de su Reino.

- La Palabra de Dios produce convicción a través de la integridad de los mensajeros escogidos por Dios, los profetas y apóstoles, a quienes les fue dada la responsabilidad de representar y hablar del plan y la persona de Dios.

La bendición de la miseria

Devocional

Lea Salmos 32.1-11. ¿Alguna vez ha luchado contra una conciencia culpable? No aquella culpa falsa que a menudo experimentamos, sino la que aparece cuando el corazón nos advierte que hemos hecho algo malo, y nos sentimos mal por lo que hicimos, deseando poder solucionar la situación o retribuirle a la persona que hemos ofendido. Este sentido de culpabilidad es uno de los estados más saludables que usted puede experimentar. Aunque podemos sentirnos emocionalmente miserables y angustiados, aún avergonzados, la convicción de haber errado es uno de los sentimientos más significativos que uno puede tener. No hay duda al respecto; la convicción y el experimentar verdadera culpa delante de Dios en nuestra conciencia está asociado con los sentimientos. En un sentido real, la persona que hace lo malo y no siente la responsabilidad o culpa en su corazón, está en graves problemas espirituales. La incapacidad de ser convencido por Dios nos hace vulnerables a hacer lo malo sin sentir arrepentimiento, dolor o deseos de cambiar. David, en este Salmo, nos habla de la capacidad de Dios para perdonar, y del dolor y la vergüenza que sintió por demorar su arrepentimiento y su reconciliación con el Señor. La miseria que sentimos cuando el Espíritu Santo nos convence de nuestro pecado, es una bendición "vestida en ropas de miseria", que es diferente de las otras formas de lucha o dolor interno. Esta miseria puede permitirnos entender nuestra propia transgresión, las normas justas de Dios, nuestra incapacidad para obedecer la verdad de Dios en nuestras propias fuerzas, y nuestra deuda con Dios por el mal que hemos hecho. Esta miseria nos guía a la verdad de lo que somos nosotros y de lo que es Dios; nos seguiremos sintiendo miserables hasta que admitamos nuestra culpabilidad ante Dios. Esta miseria nos lleva al único que puede perdonarnos por nuestro pecado. De todas las cosas que necesitamos para mantener una amistad íntima con Dios, la más preciosa es tener una conciencia que pueda darse cuenta de lo que Dios quiere y de su deseo de mostrarnos Su misericordia, si tan sólo estamos dispuestos a admitir nuestro error y venir a Él para recibir Su nueva misericordia. ¡Gracias Señor por la bendición de sentirnos miserables cuando te ofendemos a Ti o a otros!

Después de recitar y/o cantar El Credo Niceno (en el apéndice 1), ore lo siguiente:

El Credo Niceno y oración

Eterno Dios, nuestro Padre, gracias por el poder vivificante de Tu Palabra y por tu Espíritu Santo, que implanta tu Palabra dentro de nuestro corazón. Gracias por su gentil poder convincente, que nos revela nuestra indignidad carnal, como también tu gran misericordia. Tú estás dispuesto a perdonar a aquellos que vienen quebrantados y abiertos a Ti. Danos hoy Tu gracia para estar de pie, pues necesitamos el poder convencedor de tu Palabra y el poder limpiador de la sangre de tu Hijo. Sólo en Ti, hay misericordia, perdón y gracia. A Ti sea la gloria, en el precioso nombre de Jesús. ¡Amén!

Señor y Dios, Padre celestial, de quien continuamente recibimos tantas cosas buenas y de forma tan abundante, y por quien somos guardados diariamente de todo mal con tanta gracia, ayúdanos, te rogamos, a apropiarnos de todos esos dones a través de tu Santo Espíritu, con todo el corazón y con fe sincera, para que podamos agradecer y alabar Tu gran bondad y misericordia; por Jesucristo tu Hijo, nuestro Señor. Amén.

~ Martín Lutero. **Devotions and Prayers of Martin Luther**. Trad. Andrew Kosten.
Grand Rapids: Baker Book House, 1965. Pág. 77.

Prueba

Guarde sus notas, tome tiempo para pensar y reflexionar y luego realice la prueba de la lección 1, *La Palabra que Crea.*

Revisión de los versículos memorizados

Escriba, recite, o repase con sus compañeros de clase, el versículo que se asignó en la última clase: 2 Pedro 1.19-21.

Entrega de tareas

Entregue el resumen de las lecturas asignadas la semana pasada, es decir, su respuesta concisa y su explicación de los puntos centrales que los autores deseaban comunicar en la lectura correspondiente (Reporte de lectura).

CONTACTO

Por favor, ¿podría la religión verdadera ponerse en pie?

En una clase de filosofía de una institución pre-universitaria, uno de los ancianos de la iglesia se enfrentó a la idea del "relativismo cultural". Esta idea sugiere que todas las culturas son iguales y que todos sus sistemas de creencias, sus nociones religiosas, y sus normas de ética, son igualmente válidos. Tal idea ha perturbado a este líder porque él sabe que Jesucristo es único y primario, y que está por sobre cualquier sistema religioso o idea. ¿Cómo debería él interpretar esta posición del "relativismo cultural", y cómo se relaciona esta idea a la proclamación de la Biblia respecto a que la revelación de Dios en Jesús es única y definitiva? (véase Hebreos 1.1-2).

¿Debemos familiarizarnos con la música que el mundo escucha para testificarles?

Un serio debate ha estado creciendo entre los miembros del grupo de jóvenes respecto a qué clase de música es aceptable que escuchen los jóvenes cristianos. Todo se inició cuando uno de los adolescentes trajo un CD de su artista favorito para escuchar en la reunión de jóvenes, y mientras lo hacían, algunos de ellos repararon en las cosas a las que este artista se estaba refiriendo en las letras de sus canciones. El adolescente que trajo la música, un cristiano que está creciendo y que ama mucho a Dios, se sintió herido por la controversia, creyendo que es importante entender lo que está sucediendo en el mundo, a fin de ser un mejor testigo para sus amigos perdidos. Otros, que también aman a Dios de igual forma, argumentan que esa clase de música debe ser rechazada totalmente, ya que todo lo que dice acerca de la violencia, el dolor y las peleas, más que animarlos, les deprime. Ambas partes parecen estar igualmente convencidas de la importancia del asunto y de la verdad de su "lado". Parece un callejón sin salida. ¿Cuál es la mejor manera de resolver esta confusión; este dilema entre estas dos partes opuestas?

¡No es justo!

Recientemente, un pequeño *grupo de hogar* que estaba estudiando los últimos tiempos y la Segunda Venida de Cristo, comenzó a estudiar los varios juicios asociados a estos temas. Pero el estudio ha causado mucha confusión y tensión a una de las hermanas del grupo; particularmente respecto a la idea de que Dios va a juzgar aún a los que nunca han oído de Cristo. Según ella, la idea de que Dios juzgue a los que no han tenido la oportunidad de escuchar acerca de Jesús y su amor, es una contradicción de su amor divino. Ella dice: "Dios no puede hacer eso, porque sería injusto culpar a los que nunca lo han conocido ni han escuchado de Él. Ellos terminarán siendo juzgados por Dios; yendo al infierno simplemente porque nadie les predicó el evangelio. ¡No es justo!" Para los demás, el asunto no es la imparcialidad de Dios, sino la santidad de Dios. Ellos argumentan que si Dios no juzga a todos, de acuerdo a Sus estatutos (por ejemplo, la fe en Cristo), Él faltaría a Su propia integridad, pues Él ha dicho que el que invoca el nombre del Señor será salvo (véase Romanos 10.9-10). Mientras más avanza la discusión, menos llegan a un acuerdo con la hermana. ¿Qué deberían hacer?

CONTENIDO **La Palabra que Convence**

Segmento 1: Convence de pecado, de justicia y de juicio

Rev. Dr. Don L. Davis

Resumen introductorio al segmento 1

En este segmento, exploraremos cómo la Palabra de Dios, como instrumento del Espíritu Santo, convence al mundo de pecado, justicia y juicio. En cuanto al pecado, la Palabra de Dios nos convence de nuestra desobediencia a la Ley de Dios y nuestro fracaso en alinear nuestra vida con Su carácter y requerimientos santos. En cuanto a justicia, la Palabra de Dios revela la distancia entre el Señor, un Dios infinitamente justo, y nuestra propia justicia, que es inaceptable ante Él. Finalmente, estudiaremos la Palabra de Dios en referencia a sus enseñanzas acerca del juicio; y aprenderemos de la intención de Dios en traer a cuentas a todo ser, respecto a Sus justas demandas y obediencia a ellas.

El objetivo de este primer segmento de *La Palabra que Convence,* es permitirle ver que:

- La Palabra de Dios es la Palabra que convence de pecado, de justicia, y de juicio.

- De todas las formas en que podemos entender la persona y obra de Dios, es su Palabra en las Escrituras la que nos hace posible entender el pecado, el cual es universal en alcance y corrupto en su carácter.

- La Ley de Dios nos convence de pecado, revelando la distancia entre nuestras acciones e intenciones, y las santas demandas de Dios.

- La Palabra de Dios nos convence respecto a la justicia, revelándonos nuestra incapacidad para cumplir su Ley, y también Su justificación por la fe, a través de la muerte y resurrección de Jesucristo.

- La Palabra de Dios nos convence respecto al juicio, revelándonos la intención de Dios de traer a cuentas a todas las criaturas, estén donde estén, y también Su juicio venidero sobre Israel y las demás naciones, la Iglesia, Satanás y sus ángeles, y todos los que hayan muerto sin Cristo.

2

I. El Espíritu Santo, por medio de la Palabra de Dios, convence al mundo de pecado.

Video y bosquejo segmento 1

A. Las Escrituras enseñan que el pecado es universal en su alcance y corrupto en su naturaleza.

    1. El pecado es universal en su alcance.

        a. Romanos 3.23 dice que todos han pecado y están destituidos de la gloria de Dios.

        b. El pecado es contrario a Dios, y es la desobediencia a sus mandamientos.

            (1) Salmos 51.4

            (2) Lucas 15.18

    2. El pecado es todo lo que es contrario a Dios, y no puede conformarse a Su carácter y propósito.

        a. Alcanza a toda persona y corrompe a toda la humanidad por igual.

        b. El pecado es universal en su alcance, teniendo un carácter que corrompe, Romanos 3.9-12.

    3. Somos culpables delante de Dios, Romanos 5.18-19.

        a. Somos culpables por razón de nuestros hechos pecaminosos.

Juan 16.7-11
"Pero yo os digo la verdad: Os conviene que yo me vaya; porque si no me fuera, el Consolador no vendría a vosotros; mas si me fuere, os lo enviaré. Y cuando él venga, convencerá al mundo de pecado, de justicia y de juicio. De pecado, por cuanto no creen en mí; de justicia, por cuanto voy al Padre, y no me veréis más; y de juicio, por cuanto el príncipe de este mundo ha sido ya juzgado".

2

b. A través de nuestra asociación íntima con el pecado de Adán (véase Romanos 5.18-19).

B. Somos convencidos de pecado por medio de la condenación de la Ley de Dios.

   1. La Ley de Dios es santa, buena y aceptable; y expresa sus demandas para nosotros como Sus criaturas; también revela nuestra propia inmoralidad.

      a. Romanos 7.7-8

      b. Romanos 7.12

   2. Debido a la debilidad de nuestra carne, ninguno puede ser salvo por su propio esfuerzo, tratando de cumplir con las obras de la Ley.

      a. Ninguno de nosotros ha podido cumplir la Ley de Dios de forma aceptable ante Él, Gálatas 3.10-12.

      b. La Ley es un sistema cerrado (rígido). No obedecer la Ley de Dios, aún en la más pequeña medida, nos hace culpables de *toda* ella, Santiago 2.10-11.

C. La Palabra de Dios convence y produce quebrantamiento y remordimiento, permitiendo que el oidor se abra a la verdad del evangelio de Dios.

   1. La Palabra de Dios tiene poder espiritual para protegernos del pecado, Salmos 119.11.

2

2. La Palabra de Dios produjo convicción en el remanente que quedó luego de la cautividad, llevándolo a glorificar a Dios en sus sacrificios y obediencia, Esdras 7.10 en adelante.

3. La Palabra de Dios produjo convicción de pecado en el reinado de Josías, trayendo un gran avivamiento a toda la nación, 2 Reyes 22.13.

II. El Espíritu Santo, a través de la Palabra de Dios, convence al mundo de justicia.

A. La Palabra de Dios revela cuatro aspectos de la justicia.

1. La esencia del Dios Todopoderoso es perfectamente justa. Su justicia es revelada como inmutable (inalterable), e infinita (sin fin).

   a. La justicia de Dios nunca cambia ni varía, Santiago 1.17.

   b. Dios es justo en todo lo que hace, Deuteronomio 32.4.

2. Dios ve la justicia humana como algo sucio e inaceptable, Isaías 64.6-7.

3. El tercer aspecto de la justicia bíblica, se refiere a la justicia que Dios acredita a nuestra cuenta al recibir a Jesucristo.

   a. Romanos 3.21-23

   b. 2 Corintios 5.21

4. El cuarto y último aspecto tiene que ver con la presencia del Espíritu Santo dentro de nosotros, quien produce justicia cuando nos entregamos a Él en obediencia y confianza, Romanos 8.3-4.

B. La Escritura no permite que ninguna persona se jacte de su propia justicia.

1. Toda la humanidad es declarada injusta delante de Dios, Romanos 3.19.

2. Sin Jesucristo, ninguno es aceptable ante Dios; todos están perdidos, y por tanto sentenciados a experimentar la ira y el desprecio de Dios, Juan 3.36.

III. El Espíritu Santo, por medio de la Palabra de Dios, convence al mundo de juicio.

A. De acuerdo a la Escritura, todos los incrédulos están condenados y sujetos a la ira de Dios.

1. Los incrédulos son llamados "hijos de ira", Efesios 2.1-3.

2. Dios ya designó un día para juzgar al mundo a través de Jesucristo, Hechos 17.30-31.

B. Dios juzgará a todas las personas de todas partes según lo que hayan hecho, sea bueno o malo.

1. Jesús declara en Apocalipsis 22.12 que Él regresará pronto para juzgar a toda persona de acuerdo a sus obras.

2

2. 1 Reyes 8.39 - "... darás a cada uno, cuyo corazón tú conoces, conforme a sus caminos (porque solo tú conoces el corazón de todos los hijos de los hombres)".

3. Job 34.11 - "Porque él pagará al hombre según su obra, y le retribuirá conforme a su conducta".

4. Salmos 62.12 - "... pues tú pagas a cada uno conforme a su obra".

5. Proverbios 24.12 - "... él pagará al hombre según sus obras".

6. Isaías 40.10 (LBLA) - "He aquí, el Señor Dios vendrá con poder, y su brazo gobernará por Él. He aquí, con Él está su galardón, y delante de Él su recompensa".

7. Jeremías 17.10 (LBLA) - "Yo, el SEÑOR, escudriño el corazón, pruebo los pensamientos, para dar a cada uno según sus caminos, según el fruto de su obras".

8. Jeremías 32.19 - "Grande eres en consejo y magnífico en hechos; tus ojos están abiertos sobre todos los caminos de los hijos de los hombres, para dar a cada uno según sus caminos y según el fruto de sus obras".

9. Ezequiel 18.30 - "Por tanto, casa de Israel, yo os juzgaré a cada uno según sus caminos, dice Jehová, el Señor. Convertíos y apartaos de todas vuestras transgresiones, y no os será la iniquidad causa de ruina".

10. Colosenses 3.23-25 - "Pero el que actúa con injusticia recibirá la injusticia que haya cometido, porque no hay acepción de personas".

C. El juicio de Dios será riguroso y universal: El Dios Todopoderoso traerá a cuentas a todo ser, de acuerdo a cómo haya respondido a Su santa voluntad.

1. Dios juzgará a Israel y a las naciones, Romanos 10 y 11.

2. Dios juzgará a la Iglesia, 1 Pedro 4.17.

3. Dios juzgará a Satanás y los ángeles caídos, Apocalipsis 20.10.

4. Dios juzgará a los muertos que no hayan creído en Cristo, Apocalipsis 20.11-15.

2

Conclusión

» La Palabra de Dios, como instrumento del Espíritu Santo, convence al mundo de pecado, justicia, y juicio.

» Respecto al pecado, la Palabra de Dios nos convence de nuestra desobediencia a la Ley de Dios, y nuestro fracaso en conformar nuestra vida a Su carácter y demandas.

» En cuanto a la justicia, la Palabra de Dios revela la distancia entre el Señor, quien es un Dios infinitamente justo, y nuestra propia justicia, la cual es inaceptable ante Él.

Por favor, tome todo el tiempo que tenga disponible para responder estas y otras preguntas que el video haya despertado en usted acerca de la capacidad de la Palabra de Dios para convencer de pecado, justicia, y juicio. Sea claro y conciso en sus respuestas; y donde sea posible, ¡apóyelas con la Escritura!

Seguimiento 1

Preguntas y reflexión acerca del contenido del video

1. ¿Cómo debemos entender la relación entre el Espíritu Santo y las Sagradas Escrituras? ¿Es válido decir que el Espíritu Santo actúa, entre otras cosas, por medio de la Palabra de Dios, la cuál es inspirada por Su aliento mismo?

2. ¿De qué maneras la Escritura convence al mundo de pecado? ¿Cómo interpretamos el concepto de pecado en el Antiguo Testamento? ¿Y qué del mismo concepto en el Nuevo Testamento?

3. Describa los cuatro aspectos de la justicia que se mencionan en las Escrituras. ¿Por qué es crucial entender estos diferentes aspectos cuando hablamos de la habilidad que tiene la Palabra de Dios para convencer al mundo de justicia?

4. ¿De qué manera la justicia de Dios llega a ser nuestra, habiéndonosla dado Él mismo?

5. ¿De que manera describe la Palabra la intención de Dios de juzgar a la humanidad? ¿Sobre qué bases juzgará Dios a todas las personas (de donde sean y de cualquier época), de acuerdo a las Escrituras?

6. Haga una lista de algunos de los grupos y entidades que no escaparán al juicio de Dios. ¿Qué nos enseñan las Sagradas Escrituras acerca de la determinación de Dios en juzgar a todo el mundo?

7. ¿Cómo convence la Palabra de Dios al mundo de juicio? ¿Cuál es la relación entre los juicios de Dios en el mundo y el evangelio de Jesucristo?

La Palabra que Convence

Segmento 2: La revelación de Cristo, el testimonio fidedigno de los apóstoles y profetas

Rev. Dr. Don L. Davis

Resumen introductorio al segmento 2

En este segmento descubriremos la habilidad que la Palabra de Dios tiene para convencer de la naturaleza de la verdad, y así también aprender de su capacidad para transformar nuestra vida y perspectiva por medio del Espíritu Santo. La Palabra de Dios revela la naturaleza Cristo-céntrica de la revelación de Dios, la historia del Reino como conclusión para toda la enseñanza de Dios incluida en la Escritura, así como también revela la integridad de la Biblia, por estar asociada al Espíritu Santo, quien inspiró a sus profetas y apóstoles. El testimonio de ellos le proporciona a las Escrituras la autoridad final para la fe y la práctica, y una absoluta confiabilidad en asuntos de juicio y verdad.

Nuestro objetivo para este segundo segmento de *La Palabra que Convence* es permitirle entender y a la vez articular con otros la realidad de las siguientes verdades:

- La Palabra de Dios nos convence de la verdad. Ella es inspirada por el Espíritu Santo y está conectada al Dios de la verdad, quien no puede mentir. Por lo tanto, constituye el fiel testigo y registro de la verdad de Dios. Produce convicción respecto a la naturaleza de la verdad, es decir, la verdad de Dios, Su obra en el mundo, y el destino y propósito de la humanidad.

- La Palabra de Dios produce profunda convicción acerca del objeto principal de las Escrituras: la revelación de la persona y obra de Jesucristo.

- La Palabra de Dios también produce convicción en cuanto a la conclusión de toda la revelación de Dios: la revelación del plan para su Reino.

- Dios ha establecido su Palabra. Ésta produce convicción a través de la integridad de los mensajeros escogidos de Dios, los profetas y apóstoles, a quienes se les dio la responsabilidad de representar y hablar sobre la persona de Dios y su plan.

2

I. La Palabra de Dios nos convence de la verdad por medio de Su móvil principal: La persona y obra de Jesucristo.

Video y bosquejo segmento 2

A. El tema central de la Escritura es Jesucristo. *El conocimiento de la persona de Jesús, es un punto hermenéutico clave para interpretar la Biblia.*

Juan 17.17-19
Santifícalos en tu verdad; tu palabra es verdad. Como tú me enviaste al mundo, así yo los he enviado al mundo. Y por ellos yo me santifico a mí mismo, para que también ellos sean santificados en la verdad.

1. De camino a Emaús, Jesús declaró a los dos viajeros que Él mismo era la clave para interpretar las Escrituras, Lucas 24.25-27.

2. Después de su resurrección, Jesús enseñó a sus apóstoles que Él era la clave interpretativa de la Biblia, ya que ésta puede interpretarse a la luz de su sufrimiento, muerte y resurrección, Lucas 24.44-48.

3. Jesús reprendió a los fariseos por interpretar la Escritura erróneamente. La estudiaban con gran diligencia, pero ignoraban que Él era el tema central, Juan 5.39-40.

4. El escritor a los Hebreos refiere una frase dicha por el ungido de Dios quien reconoce que el libro de Dios habla de Él, Hebreos 10.5-7.

5. Finalmente, Jesús afirma en el Sermón del Monte, que Él no vino para abolir la Ley y los Profetas, sino para cumplirlos, Mateo 5.17.

B. La Escritura describe a Jesucristo como el tema principal de la Biblia.

1. Jesús es la *Exégesis Final* de la Escritura en su interpretación del Antiguo Testamento (véase el Sermón del Monte), Mateo 5-7.

Exégesis: *Interpretación y explicación de las Escrituras, apoyadas en el significado de las palabras del idioma original de la Biblia.*

2. Jesús es la clave para descubrir todos los aspectos del sistema sacrificial del antiguo pacto.

a. Él es el *sacrificio de la Pascua*, 1 Corintios 5.7.

b. Él es el *Sumo Sacerdote*, del cual se habla en el día de la *expiación* del Antiguo Testamento, Hebreos 9.13-14; 10.11-14.

c. Él *transciende al Sacerdocio Aarónico*, al ser sacerdote según el orden de Melquisedec, Hebreos 7.1-28.

d. Él es el *cumplimiento del templo*, (Él asocia Su cuerpo al templo en sí), Juan 2.18-22.

Expiación: *Aunque "holocausto" y "expiación" se usan de forma similar, el "holocausto" expresa la idea general de una ofrenda continua de adoración a Dios, tanto individual como congregacional (Ex. 29.42); razón por la que se enfatiza como olor grato a Dios (Lv. 1.17). El prototipo del holocausto neo-testamentario es el "culto racional" o espiritual del creyente (Ro. 12.1). Por otra parte, la "expiación" específicamente expresa la idea de la ofrenda anual por los pecados de todo el pueblo (Heb. 9.7) en el antiguo pacto (Ex. 29.36). Es aquí dónde el sacrificio de Jesús, ofrecido en la cruz, satisfizo el requisito de la Ley y obtuvo perdón perpetuo para todos los creyentes (Heb. 7.27).*
~ Enrique Santis

3. Jesús es asociado con la persona y obra de Dios en el Antiguo Testamento.

a. Él es el Señor, sentado en Su trono, de acuerdo a la visión que Jehová le dio a Isaías.

(1) Isaías 6.1-13

(2) Compárese con Juan 12.37-41

b. Siendo el Verbo hecho carne, Jesús representa la revelación final de la autoridad de Dios presentada a la humanidad y al universo.

(1) Juan 1.18

(2) Hebreos 1.1-3

(3) Juan 14.6

II. La Palabra nos convence de la verdad del plan del reino de Dios, diseñado por medio del pacto con Abraham y cumplido en Jesucristo.

A. Jesús es el móvil que une ambos testamentos de la Escritura.

1. Según el Apóstol Juan, Jesucristo vino al mundo para destruir las obras del maligno, 1 Juan 3.8.

2. Por la rebelión de Adán y Eva, la humanidad fue hecha esclava del pecado, apresada bajo una maldición, y sujeta al temor y la tiranía de la muerte (tanto la muerte física como la separación eterna de Dios).

3. Pero gracias a su amor y misericordia, Dios envió a su Hijo para pagar la pena por nuestro pecado y destruir el derecho que el diablo tenía sobre la humanidad y la creación, Tito 2.11-14.

B. El plan de Dios para redimir a la humanidad fue revelado en el pacto con Abraham.

1. Dios hizo un pacto de promesa con Abraham, Génesis 12.1-3.

   a. Para hacer de él una gran nación.

   b. Para bendecirlo y engrandecer su nombre.

   c. Para bendecir a aquellos que lo bendijeran, y maldecir a los que lo maldijeran.

   d. En Abraham, todas las familias de la tierra serían bendecidas.

2. Los planes de Dios para restaurar a toda la humanidad en el linaje de Abraham, fue cumplida en Jesucristo, Gálatas 3.13-14.

3. Por medio del linaje de Abraham y el ungido de Dios, Jesucristo, el plan universal de Dios ha sido cumplido. En Jesús, Dios está restaurando el gobierno de su Reino en todo el universo, Colosenses 1.13-14.

C. No existe otro testigo de la obra de Dios para la salvación con tanta autoridad, tan confiable ni tan suficiente como su Palabra.

1. Dios nunca altera su Palabra o su promesa de pacto, Salmo 89.31-35.

2. Dios, a diferencia de los seres humanos, nunca miente ni rompe Sus promesas, Números 23.19.

3. La inmutabilidad de Dios, es decir, Su naturaleza invariable, nos asegura que su Palabra es una fuente totalmente creíble, que nos lleva a entender Su mente y voluntad.

a. Malaquías 3.6

b. Mateo 24.35

c. Santiago 1.17

III. La Palabra de Dios nos convence de la verdad a través del testimonio de los profetas y apóstoles, los mensajeros de la verdad inspirados por Dios. La revelación de la Palabra de Dios ha sido comunicada a través de los profetas, a través de Jesucristo y también de sus mensajeros enviados, es decir, sus apóstoles.

A. Dios, en tiempos pasados, hablaba por medio de *los profetas.*

2

1. Dios habló a su pueblo escogido a través de los profetas, Hebreos 1.1.

2. Lo que Dios hablaba por medio de los profetas contenía el bosquejo de Su plan maestro para salvar a la humanidad, 1 Pedro 1.10-12.

B. Dios ha hablado al mundo clara y definitivamente *a través de Jesucristo.*

1. Jesús es la revelación final de Dios a la humanidad, Hebreos 1.2.

2. Jesús es el único revelador de la gloria del Padre, Juan 1.18.

3. Ninguna otra fuente de revelación es tan suficiente como Jesucristo, Colosenses 2.8-10.

C. Jesús encargó su mensaje de autoridad y esperanza a *los apóstoles.*

1. Fueron escogidos directamente para estar con Cristo y predicar en su nombre, Marcos 3.13-15.

2. Juan 17 provee de una excelente perspectiva sobre la función única de los apóstoles como comunicadores de la revelación de Dios. Como mensajeros escogidos, Jesús otorgó a los apóstoles autoridad y testimonio únicos. Nos dice que:

   a. Él les reveló el nombre del Padre.

   b. Todo lo que el Padre le había otorgado a Jesús, Él se los dio a conocer a los apóstoles.

    c.   Jesús dio a los apóstoles la verdadera Palabra de salvación del Padre.

    d.   Las palabras de los apóstoles referentes a Cristo serían el medio por el cual el mundo llegaría a creer en Él.

3.   El principio de la importancia de los apóstoles en la vida y fe de la Iglesia, ha sido denominado como «Apostolicidad».

4.   La palabra de los apóstoles, como representantes de Jesús, tiene una posición de autoridad en lo que la Iglesia entiende de la persona y obra de Jesús.

    a.   Pablo afirma que la familia de Dios está edificada "sobre el fundamento de los apóstoles y profetas, siendo la principal piedra del ángulo Jesucristo mismo", Efesios 2.20.

    b.   La Palabra defiende la consigna apostólica: "[contended] ardientemente por la fe que ha sido una vez dada a los santos", Judas 1.3, 17.

    c.   Existen consecuencias horrendas para los que enseñan cosas contrarias a la doctrina de los apóstoles, Gálatas 1.8-9.

    d.   Pablo extiende a los Corintios la consigna apostólica del evangelio, que es lo que él recibió de Cristo y de los apóstoles; lo que le otorga una autoridad final y una completa confianza, 1 Corintios 15.1-8.

5.   Las Escrituras del Nuevo Testamento son la Palabra de los apóstoles en forma escrita; por lo tanto, son portadoras de la autoridad de Cristo para los que creen, 2 Pedro 3.15-16.

2

Conclusión

» La Palabra de Dios nos convence de la verdad.

» Aprendemos de la capacidad para transformar nuestra vida y nuestra perspectiva por medio del Espíritu Santo, porque la Palabra de Dios nos convence respecto a la naturaleza de la verdad.

» Jesús de Nazaret es el tema central de la revelación de Dios; y su mensaje de la historia del Reino es la enseñanza principal de toda la Escritura.

» La Palabra de Dios posee integridad suprema, porque está asociada con Jesús, con los profetas y los apóstoles inspirados por Dios.

Las siguientes preguntas fueron diseñadas para ayudarle a repasar el material en el video del segundo segmento. Éstas están enfocadas en los conceptos más importantes asociados a la capacidad de la Palabra de Dios para convencer de la verdad de Jesucristo, del e.d.,de Dios y de la integridad del testimonio profético y apostólico de la fe. Por favor sea claro y conciso en sus respuestas, y siempre que sea posible, ¡apóyelas con la Escritura!

Seguimiento 2

Preguntas y reflexión acerca del contenido del video

1. Cuando Jesús hace la oración sacerdotal de Juan 17, ¿de qué forma nos ayuda a entender la naturaleza de la Palabra de Dios al ayudarnos a comprender la verdad?

2. ¿Qué evidencia bíblica sugiere que Jesucristo mismo es el tema central de la Biblia?

3. En un sentido real, ¿en qué formas específicas nos damos cuenta que Jesús es el cumplimiento del sistema sacrificial del Antiguo Testamento que hoy nos permite acercarnos a Dios?

4. ¿De que manera se asocia la persona de Jesús con la revelación del Padre en el Antiguo Testamento? ¿Qué función cumple Cristo en esa revelación?

5. En cuanto a la historia de la fidelidad del pacto de Dios con Abraham, ¿cómo nos ayuda ésta a entender la verdad de la Escritura respecto a la obra de Dios en el mundo?

6. Respecto a la revelación de Dios por medio del grupo triple de mensajeros (los profetas, Jesucristo y los apóstoles), ¿cómo nos ayuda a estar convencidos que las Escrituras son verdad, es decir, que ellas son confiables y testigos válidos de lo que Dios ha hecho y hará en el mundo?

CONEXIÓN

Resumen de conceptos importantes

Esta lección se ha enfocado en la habilidad de la Palabra de Dios para producir convicción en sus diferentes niveles, los cuales nos llevan a una más profunda y rica relación con Dios por medio de Jesucristo. La Palabra de Dios nos convence de pecado, de justicia, de juicio y de la verdad.

- La Palabra es el instrumento que el Espíritu Santo usa para convencer al mundo de pecado, de justicia, y de juicio.

- Las Escrituras enseñan que el pecado incluye todo lo que está fuera del orden del carácter, ley y voluntad perfectos de Dios. El pecado y sus efectos alcanzan a toda la humanidad, por lo que es universal en alcance y corrupto en su carácter.

- La Ley moral de Dios, como parte significativa de la Palabra de Dios, nos convence de pecado, revelando la distancia que existe entre nuestras acciones y la responsabilidad moral que implican las demandas santas de Dios.

- La Palabra de Dios convence de justicia. Primero revela nuestra incapacidad para guardar la Ley de Dios, segundo, nos atestigua de lo que Dios hizo por medio de la muerte y resurrección de Jesús para justificarnos.

- La Palabra de Dios convence de juicio, detallando exacta y poderosamente el intento de Dios en juzgar a toda la humanidad, tanto a vivos como a muertos, de acuerdo a sus obras. En la consumación de los tiempos, Dios también juzgará a Israel y las naciones, la Iglesia, Satanás y sus ángeles, y a todo los impíos muertos.

- Al estar conectada íntimamente con Dios a través de Jesucristo, la Palabra de Dios produce convicción respecto a la naturaleza de la verdad, es decir, lo que es verdadero de Dios, Su obra en el mundo, y el destino y propósito de la humanidad.

- Jesucristo mismo es el tema central y el móvil principal de las Escrituras, el cumplimiento del sistema sacrificial del Antiguo Testamento, y único revelador de la gloria del trino Dios invisible.

- El plan del reino de Dios es revelado en la Escritura por medio del fiel pacto de promesa de Dios a Abraham, y Su consumación en la persona de Jesucristo. La Palabra de Dios nos convence de la verdad sobre Sus planes para apartar a un pueblo de entre todas las familias de la tierra para Él mismo, por medio de Jesucristo.

- La integridad de la Palabra de Dios está firmemente sostenida por la integridad de los mensajeros de Dios, los profetas y los apóstoles, a quienes se les fue dada la responsabilidad de representar y hablar del plan y la persona de Dios.

2

Aplicación del estudiante

Este es el momento para discutir con sus compañeros de clase sus preguntas acerca de la habilidad que tiene la Palabra de Dios para convencer de pecado, de justicia, de juicio, y de la verdad. Ministrar en cualquier lugar demanda dominar esta Palabra, la cual penetra y obra profundamente en el corazón de aquellos que la escuchan, convenciéndolos de su integridad y verdad. Al pensar en el poder convencedor de la Palabra, ¿qué preguntas particulares tiene usted a la luz del material que acaba de estudiar? Quizás las preguntas siguientes le ayuden a formular las suyas de manera más específica y crítica.

* El predicador o maestro, ¿tiene que creer la Palabra de Dios a fin de convencer a otros de pecado, justicia, juicio, y de la verdad? Explique su respuesta.

* ¿Produce la Palabra de Dios el mismo nivel de convicción tanto en el creyente como en el incrédulo? ¿Cómo? Mencione ejemplos.

* ¿Puede el Espíritu Santo producir convicción de pecado, de justicia, y de juicio fuera de la Palabra de Dios? ¿Por qué?

* Respecto al poder convencedor de la Palabra de Dios, ¿lo afectan el estilo de presentación o la manera en que la Palabra es predicada o enseñada? ¿Cómo?

* ¿En qué formas prácticas podemos ayudar a otros a entender que Jesucristo mismo es el tema dominante y el móvil principal de las Escrituras? Espiritualmente hablando, ¿puede algo ser convincente sin estar relacionado con Jesucristo? Explique su respuesta.

* ¿Por qué es necesario creer en la integridad de los apóstoles y los profetas a fin de sostener que las Escrituras son un testigo fiel y confiable de la obra de Dios en Cristo?

* ¿Por qué es absolutamente crucial entender la capacidad que tiene la Escritura para convencer a otros a la hora de ministrar a los perdidos?

Casos de estudio

¿Es el cristianismo único entre todas las religiones?

En honor al desarrollo y la cooperación multi-cultural entre las religiones de la comunidad, usted ha sido invitado a compartir su punto de vista acerca "de la naturaleza de la verdad religiosa en una sociedad pluralista". En otras palabras, en una comunidad donde diversas clases de religión son practicadas y creídas, ¿qué significa "buscar y decir la verdad" como un creyente cristiano? Algunos de sus colegas creen que usted debe ir y simplemente decir que todas las otras religiones son falsas; que sólo el cristianismo es verdadero, que Cristo es el Señor, y listo. Usted quiere ser tan claro como le sea posible respecto a su fe, pero a la misma vez desea ser sensible al propósito del programa, el cual no es predicar sino compartir su punto de vista. ¿Cómo compartiría la fe de las Escrituras en esta situación, especialmente sobre lo que el cristianismo proclama acerca del lugar único de Jesús entre todos los que dicen hablar por Dios?

¿Qué pasa con el pecado?

2 Una joven de la iglesia le pide hablar con usted sobre el tema del "pecado". Como trabajadora social para el estado, se le ha dicho repetidamente que no permita que su religión personal interfiera con el trabajo de ofrecer consejería e información a sus "clientes", muchos de los cuales viven en vecindades marginadas y necesitan conocer a Cristo desesperadamente. Una de las razones principales de estas restricciones salió a luz en una discusión con su supervisor, quien cuestionaba la idea del "pecado". Al defender su posición contra el pecado, el supervisor dijo que el "pecado" es meramente la idea de ciertos grupos religiosos que imponen su estrecha moralidad al resto de las personas. El supervisor añadió que nadie puede declarar que algo es pecaminoso, puesto que el "pecado" solamente tiene significado en el contexto de un grupo religioso. ¿Qué le aconsejaría a esta trabajadora social respecto a la idea del "pecado"?

¿De quién es la justicia más justa?

3 Después de una enérgica conversación con un Testigo de Jehová, un miembro de su iglesia se sintió acorralado en uno de los argumentos dados en contra de la Iglesia. Al comparar el nivel de calidad de vida de los Testigos de Jehová con el de los miembros promedio de la iglesia, el testigo dijo que "Aunque hay mucho de qué hablar acerca de la justicia en la Iglesia, en su mayoría, los miembros hacen lo que se les da la gana sin ser amonestados". Prosiguió diciendo: "Yo asistí a una iglesia donde los músicos tenían relaciones sexuales dentro y fuera de la iglesia, uno de los diáconos acusó al pastor de corrupto en una junta de negocios, el pastor de jóvenes estaba separado de su esposa, y nadie decía nada sobre estas situaciones. Desde que me hice Testigo de Jehová, realmente vivimos justamente con los demás y no toleramos a nadie que viva fuera de esa justicia". El miembro de su iglesia sabía de situaciones similares y se sintió vencido por el argumento. ¿Cómo le aconsejaría que responda a estos argumentos en el futuro, cuando él se confronte a estos razonamientos acerca de la justicia?

Manteniendo lo primero en primer lugar

Recientemente se le delegó a usted la posición de Director de la Escuela Dominical en su iglesia y usted está en el proceso de elegir maestras y maestros para todas las clases que se ofrecen. Al ver el material usado el año y medio anterior, se da cuenta que no hubo ningún tema en el cual se hayan enfocado o concentrado profundamente. Se ha hablado acerca de todo tipo de temas y asuntos en las diferentes clases, y ninguno de los participantes parece estar interesado en temas teológicos. La mayoría de los maestros y maestras optaron por enseñar temas como "Administrando su dinero", o "Viviendo una vida pura ante Dios", o "Construyendo una mejor vida de oración". Usted está preocupado porque muy poco énfasis se le ha dado a Jesucristo y su obra. Usted decide tener una reunión con los maestros para hablar de esta situación. ¿Cómo hablaría del tema con sus maestros sin crear en ellos un sentimiento de culpa por haber escogido los temas a los que están acostumbrados, y sin ponerlos a la defensiva?

Reafirmación de la tesis de la lección

La Palabra de Dios convence de pecado, de justicia, de juicio y de verdad. En relación al pecado, la Palabra enseña que es universal en su alcance y corruptor del carácter de la humanidad. Respecto a la justicia, la Palabra de Dios testifica de la perfecta justicia de Dios, y de Su regalo de justicia a los creyentes a través de la muerte y justicia de Jesucristo. En cuanto al juicio, Dios juzgará a todo el mundo conforme a sus hechos. Su juicio final comprenderá a Israel y las naciones, la Iglesia, Satanás y sus ángeles, e incluso a aquellos que murieron sin creer en Jesucristo. Finalmente, la Palabra de Dios nos convence de la verdad. Jesucristo es el tema dominante de las Escrituras, con el plan del reino de Dios por medio de Abraham sirviendo como el trasfondo de la obra de Dios. La veracidad de la Palabra está cimentada en el ministerio de los profetas, los apóstoles, y Jesucristo, haciendo de nuestra Biblia algo absolutamente confiable en todo asunto de fe y de práctica.

Recursos y bibliografía

Si usted está interesado en investigar más acerca de *La Palabra que Convence* (o temas relacionados), considere estudiar estos libros (algunos de estos t tulos pueden estar disponibles en español, o revise nuestro portal en la red cibernética para recursos adicionales en español):

Pinnock, Clark H. *Biblical Revelation: Foundation of Christian Theology*. Chicago: Moody Press, 1971.

Smart, J. D. *The Interpretation of Scripture*. London: SCM press, 1961.

Young, E. J. *Thy Word is Truth*. London: Banner of Truth, 1963.

Conexiones ministeriales

Aquí es donde usted tiene la oportunidad de explorar aplicaciones directas y específicas de lo aprendido en esta lección en su propia situación ministerial. El poder convincente de la Palabra de Dios puede aplicarse a todas nuestras vidas, y particularmente a la obra ministerial en su iglesia, o el ministerio que usted realiza en nombre de su iglesia. Para iniciar, hablemos de su propia vida. ¿Está la Palabra de Dios convenciéndole de la verdad? ¿Hay alguna área en su vida en que la verdad de Dios necesite mayor y mejor lugar? ¿Está entendiendo usted la Palabra de Dios cada vez más, y está produciendo en usted las actitudes y perspectivas esperadas? ¿Qué de aquellos a quienes usted ministra? ¿Están ellos experimentando mayor entendimiento de la Palabra de Dios? ¿Necesita buscar la gracia del Señor en favor de ellos? ¿Necesitan ellos una palabra de convicción en alguna área de su vida? ¿Qué le está sugiriendo el Espíritu Santo en particular respecto a "La Palabra que Convence", a usted, su familia, su iglesia, su ministerio? ¿Qué situación en particular viene a su mente cuando piensa en la forma que usted debería confiar en Dios para tener una mayor conciencia del poder convincente de las Escrituras en su vida?

Esta lección ha enfatizado la relación directa que existe entre la Palabra de Dios y el Espíritu de Dios. Para que la Palabra de Dios tenga pleno impacto en nuestra vida, debemos pedirle a Dios que nos enseñe su Palabra por su Espíritu, para que nuestro corazón sea convencido de cualquier pecado, orgullo, necedad y resistencia que pueda haber en nosotros, para que entonces, Él pueda usar esa misma Palabra de poder para tocar las vidas de aquellos por quienes estamos orando y que estamos ministrando. Nunca subestime el poder de la Palabra de Dios para quebrantar un corazón o reconciliar a una persona con el Señor. Ore para que Dios le dé mayor convicción acerca de la inspiración, infalibilidad y poder de su Palabra. Sólo experimentando el poder convencedor de la Palabra de Dios podremos entender su habilidad para sanar, transformar e iluminar los corazones de otros.

Consejería y oración

ASIGNATURAS

Juan 16.7-11

Versículos para memorizar

Para prepararse para la clase, por favor visite www.tumi.org/libros para encontrar las lecturas asignadas de la próxima semana o pregunte a su mentor.

Lectura del texto asignado

Reiteramos la importancia de leer las tareas anteriores, y además, como en la semana pasada, escribir un corto resumen por cada lectura. Tráigalo a clase la próxima semana (por favor vea el "Reporte de lectura" al final de esta lección). También, es tiempo que empiece a pensar en el carácter de su proyecto ministerial, y de igual manera decida que pasaje de la Escritura seleccionará para su proyecto exegético. No espere demasiado para determinar cuál de los dos debe empezar, si el proyecto ministerial o el proyecto exegético. ¡Cuanto antes lo decida, mayor tiempo tendrá de prepararse!

Otras asignaturas o tareas

La próxima lección de nuestro módulo Conversión y Llamado se titula: "La Palabra que Convierte". En nuestra próxima clase vamos a descubrir cómo el evangelio de Jesucristo es la Palabra que convierte, cómo nos lleva al *metanoia* (arrepentimiento del pecado para volvernos a Dios en Jesucristo), y a la *pistis* (la fe por medio de la cual Dios salva, libera, y rescata [redime] al creyente del castigo, el poder, y la presencia del pecado). Esta Palabra que convierte produce señales de una vida espiritual nueva dentro del creyente, incluyendo el conocimiento de Dios como Padre celestial, una nueva experiencia de

Esperamos ansiosamente la próxima lección

oración, apertura a la Palabra de Dios, y un anhelo por obedecer la dirección del Señor Jesús. De igual manera estudiaremos las señales que aparecen externamente, y que incluyen la propia identificación con el pueblo de Dios, la demostración de un nuevo carácter y estilo de vida Cristo-céntricos, amor por otros cristianos, y el deseo de ganar a los perdidos para Cristo.

2

Por cada lectura asignada, escriba un corto resumen (uno o dos párrafos) del punto central del autor. (Si se le pide otro material o lee material adicional, use la parte de atrás de esta hoja).

Lectura #1

Título y autor:_____ páginas _____

Lectura #2

Título y autor:_____ páginas _____

LECCIÓN
3

La Palabra que Convierte

Objetivos de la lección

¡Bienvenido en el poderoso nombre de Jesucristo! Cuando usted haya completado el trabajo de este módulo, confiamos en que podrá entender, articular, y defender la verdad de las siguientes afirmaciones:

- La Palabra que convierte es un sinónimo de las buenas nuevas de salvación por la fe en Jesucristo. El evangelio de Jesucristo es la Palabra que convierte.

- Esta poderosa Palabra nos lleva al *metanoia*, es decir, al arrepentimiento del pecado y la reconciliación con Dios por medio de Jesucristo.

- Esta Palabra que obra un efectivo arrepentimiento para salvación (*metanoia*), obra con el mismo poder para producir fe (*pistis*) en el creyente. Esta fe salva, libera y rescata al creyente del castigo, el poder, y la presencia del pecado.

- La Palabra, una vez activada por el arrepentimiento y la fe, produce señales que confirman el perdón de Dios y el poder del Espíritu Santo en la vida del creyente.

- Interiormente, el creyente despliega señales de vida nueva en Jesucristo, incluyendo el conocimiento de Dios como Padre celestial, lo cual lo transporta a una nueva experiencia de oración, una amplia apertura a la Palabra de Dios, y la disposición de seguir la dirección interna de Jesús.

- Exteriormente, en correspondencia con lo anterior, la Palabra que convierte produce señales que incluyen, entre otras, la propia identificación con el pueblo de Dios, el despliegue de un nuevo carácter y estilo de vida Cristo-céntricos, amor por otros cristianos, y un deseo de ganar a los perdidos para Cristo.

3

Devocional

Usted sólo tiene que nacer de nuevo.

Analogía:
Similitud, parecido, semejanza entre cosas distintas. Una relación de dos funciones que operan similarmente pero de diferente naturaleza o fuente.

Lea Juan 3.1-21. De todas las maravillosas enseñanzas que aprendemos y disfrutamos acerca del reino de Jesucristo, quizá ninguna sea tan conmovedora como la enseñanza acerca de la necesidad de nacer de nuevo. La experiencia del nacimiento nos brinda una maravillosa ventana al mundo sobrenatural. Considere por un momento el nacimiento de un bebé. Cuando una criatura anuncia su llegada al mundo, amigos y familiares le dan la bienvenida a este mundo, pues es un evento inolvidable y de gran alegría. Jesús usó la preciosa *analogía* del nuevo nacimiento para enseñarnos sobre la realidad de la vida nueva que viene por medio de la fe en Él. La *metáfora* del nacimiento nos habla de una genética nueva, una fuente de material parental y potencial vital completamente nuevos. Nacer de nuevo es considerar posibilidades de vida, directivas de crecimiento y oportunidades de transformación enteramente nuevas. Para entrar al Reino de Dios uno tiene que nacer de nuevo, nacer del Espíritu; y de esta manera, compartir el mismo código genético (ADN) de Dios. Cuando Jesús declara por primera vez esta doctrina radical, Nicodemo no tenía idea que Jesús estaba hablando del Espíritu Santo y de la Palabra de Dios. Aturdido y confundido por la declaración, Nicodemo pregunta cómo una persona vieja podría volver meterse al vientre materno a fin de nacer nuevamente. No tenía ni la menor idea de la enseñanza fundamental que Jesús le estaba dando sobre la espiritualidad de todo ser humano. Para recibir la vida eterna y establecer una relación directa con Dios, uno debe nacer de nuevo pero espiritualmente, por la fe en Jesucristo. Cuando ponemos toda la confianza en Él, Dios usa su Palabra como semilla espiritual, la cual crea una nueva naturaleza en el creyente, una naturaleza que viene directamente de Dios a través del Espíritu Santo. Es entonces cuando heredamos el *ADN* de Dios.

La Palabra de Dios produce conversión en la vida del nuevo creyente; hace mucho más que sólo reformar o ajustar una vida - la transforma por completo. Cuando Cristo entra por fe al corazón del convertido, él nace de nuevo, con el potencial para desplegar y desarrollar todas las características de Aquel que lo hizo nacer a una vida nueva. Es por eso que la consagración del cristiano no puede reducirse sólo a la obediencia externa de mandamientos, o a expresar conformidad a una tradición determinada. La intención de Dios es crear y desarrollar una vida nueva en el creyente; convertir su propia vida en el fundamento y la fuente para su fe y su servicio. Con nuestros padres compartimos algunos rasgos físicos, potenciales, y otras características. Así también, si hemos nacido del Padre, nos pareceremos a Él, reflejaremos Su imagen y compartiremos Su sorprendente vida y naturaleza.

Observe las palabras de Jesús de nuevo:

> Juan 3.3-6 - *Respondió Jesús y le dijo: De cierto, de cierto te digo, que el que no naciere de nuevo, no puede ver el reino de Dios. [4] Nicodemo le dijo: ¿Cómo puede un hombre nacer siendo viejo? ¿Puede acaso entrar por segunda vez en el vientre de su madre y nacer? [5] Respondió Jesús: De cierto, de cierto te digo, que el que no naciere de agua y del Espíritu, no puede entrar en el reino de Dios. [6] Lo que es nacido de la carne, carne es; y lo que es nacido del Espíritu, espíritu es.*

Sólo la fe en la Palabra del evangelio de Jesucristo puede producir vida nueva en el creyente. Y usted, ¿despliega las características que comprueban que tiene "los ojos de su Padre", aquellas que demuestran que usted nació y entró a la familia de Dios por la fe en Jesucristo? "¡Usted debe nacer de nuevo!"

3

Metáfora:
Una figura, parábola, personificación, alegoría; expresión de una idea compleja con símbolos de otra idea sencilla que expresa figuras, principios, o una historia similar. Por ejemplo, el nacimiento natural con el nuevo nacimiento.

ADN:
(Ácido Desoxirribo - Nucleico) el ácido nucleico que contiene nuestro código genético, el cual transmite la información genética que heredamos de nuestros padres.

El Credo Niceno y oración

Después de recitar y/o cantar El Credo Niceno (localizado en el apéndice 1), ore lo siguiente:

Dios eterno y Padre de nuestro Señor Jesucristo: Te decimos "¡Abba!" porque Tú eres nuestro Papá por la fe en tu Hijo. A través de la fe en el evangelio de Jesucristo, Tú nos has convertido, nos has dado una nueva vida, nos has transformado, recreando Tu propia vida dentro de nosotros. ¿Qué podemos decir ahora que nos has hecho Tus hijos? Nuestro único deseo es llegar a ser como Tú, Padre; ser como nuestro Hermano Mayor, el Señor Jesús, y obedecerte hasta las últimas circunstancias, para complacerte en todo y reflejar Tu imagen en lo que hacemos. Llénanos con Tu Espíritu para que demostremos estar convertidos a ti día tras día, hasta que lleguemos a ser más y más como Tu Hijo. En el nombre de Jesús, nuestro Señor. ¡Amén!

"Querido Señor y Dios: Yo soy Tu criatura—formado por Ti y ubicado en este lugar por Tu voluntad. He sufrido graves dificultades y he pasado por grandes pruebas. Dame de Tu gracia para que reconozca verdaderamente que soy Tuyo y que Tú eres mi Padre. Que yo pueda esperar en Ti [por Ti y de Ti, mi] ayuda y seguridad. ¡Amén!"

3

Prueba

Ponga a un lado sus notas, concéntrese, reflexione y haga la prueba de la lección 2, *La Palabra que Convence.*

Revisión de los versículos memorizados

Repase con uno de sus compañeros, escriba y/o recite el texto asignado para memorizar en la última clase: Juan 16.7-11.

Entrega de tareas

Entregue el resumen de las lecturas asignadas de la semana pasada, es decir, su respuesta concisa y la explicación de los puntos centrales que los autores hicieron en la lectura correspondiente (Reporte de lectura modulo).

Demasiado religioso para mí

Un día, poniéndose al corriente con uno de sus vecinos, Oseas se entera de que él había estado muy involucrado en actividades cristianas y que solía asistir activamente a una iglesia. Por varios años, este vecino y su familia participaron de esta iglesia, la cual enfatizaba mucho las señales externas como demostración de la fe interna. En otras palabras, ellos se preocupaban por hacer buenas obras para mostrar que verdaderamente pertenecían a Dios. Como toda familia disciplinada e interesada, estaban involucrados en todos los aspectos de la vida eclesiástica - en el coro, el ministerio de alabanza, en la Escuela Dominical, como ujieres, y en la consejería, para mencionar algunas cosas. Entonces, esa iglesia empleó a un nuevo pastor, quien empezó a enseñar que estar ocupado en la iglesia no era suficiente para tener una buena relación con Dios. Uno tenía que estar convertido, debía nacer de nuevo. Esta familia halló difícil aceptar este nuevo énfasis, pues ellos creían que la verdadera religión se practicaba sirviendo y haciendo buenas obras. El lenguaje del nuevo nacimiento era confuso para ellos. El padre de la familia lo expresó así: "¡Ese asunto del nuevo nacimiento me resulta algo demasiado religioso!" ¿Qué le aconsejaría usted a Oseas para que pueda aclararle a su vecino la relación que existe entre la fe para salvación y las obras en la iglesia?

Si su billetera no es de Dios, tampoco su alma es de Dios.

El domingo pasado, usted aceptó acompañar a su prima Glenda a la iglesia donde ella se congrega. Pero usted se quedó atónito por el énfasis que la iglesia de Glenda le daba a las finanzas, en cuanto a recibir y dar dinero. El pastor ha estado enseñando por más de tres meses, una serie de mensajes acerca de dar para poder recibir de Dios. Usted es un diezmador fiel, y se sintió animado después de escuchar que Dios bendice al dador alegre, pero hubo algo que dijo el pastor, que lo hizo pensar si esa enseñanza era verdaderamente bíblica. El pastor dijo que si algún miembro no tenía la disposición de apoyar financieramente a su iglesia y al pastor, entonces ese miembro posiblemente no era salvo, y necesitaba examinarse a sí mismo, para determinar si en verdad estaba en la fe. Con voz fuerte, profundo carisma y un tono muy espiritual, el pastor proclamó: «Si tu billetera no es de Dios, tampoco tu alma es de Dios. Decir que eres cristiano no es suficiente; tienes que probar claramente lo que crees en la forma que actúas y en lo que das. Si conoces a algún tacaño que profese ser cristiano y no diezma, probablemente no es salvo. ¿Qué hace Dios? Dios da. ¿Qué dio? Dios dio todo, dio lo mejor, dio a su único Hijo. Si verdaderamente conoces a Dios, tú has recibido Su naturaleza. ¡Dios es generoso y debes hacer lo mismo, especialmente con tu dinero!» ¿Cómo le ayudaría usted a su prima a evaluar esa enseñanza?

¡Una vez salvo, se es siempre salvo!

El hermano Jaime cree que a veces la enseñanza de la "seguridad eterna" (la doctrina de que una vez que uno es salvo por la fe en Jesucristo, la salvación no se puede perder) ha sido usada como excusa para disfrazar la práctica del pecado. Como maestro de Escuela Bíblica, él está profundamente preocupado, pues cree que es necesario ponerle "pies a nuestra fe", y no meramente hablar de ella; vivirla realmente, con hechos prácticos y un estilo de vida activo y transparente. Convencido de los textos de Santiago 2.14-26 y

Efesios 2.10, él afirma que podemos comprobar legítimamente que somos convertidos, a través de nuestras buenas obras y servicio al Señor. Él ha notado que algunos de los que se suscriben a la posición de "una vez salvo, se es siempre salvo", no siempre muestran fervor por la obra de Dios, ni el compromiso que debería exteriorizar el cristiano. Sin embargo, él cree que la enseñanza de la seguridad de la salvación es correcta. Lo que él sostiene es que quien realmente se arrepiente y cree en Jesús es nacido de nuevo y recibe vida eterna. Aun así, ¿por qué muchos de los que han creído evidencian pocas o ningunas señales de ello? Él está un poco confundido y desanimado. ¿Cómo ayudaría usted al hermano Jaime a entender la relación entre profesar la fe para salvación y demostrar la fe en la vida cotidiana de todo creyente?

CONTENIDO

La Palabra que Convierte

Segmento 1: Sinónimo de las Buenas Nuevas: Metanoia y pistis

Rev. Dr. Don L. Davis

Resumen introductorio al segmento 1

Este segmento explora la relación entre la Palabra de Dios y su poder para convertir y transformar. En este estudio, vamos a analizar cómo el evangelio de Jesucristo es la Palabra que convierte. Este evangelio transformador de Jesucristo nos guía efectivamente al *metanoia*, es decir, al genuino arrepentimiento del pecado, y a la reconciliación con Dios por medio de Jesucristo. Además, veremos cómo el evangelio que produce el arrepentimiento en el creyente, también nos dirige hacia la fe (*pistis*), una fe viva por medio de la cual Dios salva, libera y rescata al creyente del castigo, el poder y la presencia del pecado.

El objetivo para este primer segmento de *La Palabra que Convierte,* es facultarle para comprender que:

- La Palabra de Dios, la Palabra que convierte, se relaciona directamente con las buenas noticias de salvación por la fe en Jesucristo. El evangelio de Jesucristo es la Palabra que convierte, puesto que aclara plenamente las condiciones de salvación en Él.

- La Palabra que convierte produce arrepentimiento (*metanoia*), volverse del pecado y la idolatría a la fe en Jesucristo. Este arrepentimiento incluye (entre otras cosas) un cambio de pensamiento, profundo dolor por el pecado, y la confesión y abandono del pecado delante de Dios.

- La Palabra que convierte, que también produce arrepentimiento, va acompañada de la fe salvadora en Jesucristo como Señor, una dependencia consciente en Jesucristo para salvar y redimir nuestra alma del castigo, el poder, y la presencia del pecado.

3

I. El evangelio de Jesucristo es la Palabra que convierte.

A. El evangelio de Jesucristo, el poder de Dios que salva tanto a judíos como a griegos, es un mensaje del sacrificio de Jesús en la Cruz.

1. *Antes de la Cruz*, la palabra o mensaje de salvación venía en forma de *expectativa*, la esperanza de la obra futura del Mesías en favor del pueblo pecador, simbolizada en la sangre de los animales sacrificados.

   a. El concepto de *expiación* en el Antiguo Testamento está familiarizado con el concepto de sobrepasar o *pasar por alto* los pecados "expiados". El sistema de sacrificios anunciaba el día en que el verdadero Cordero de Dios pagaría todas las deudas por el pecado y cumpliría los requisitos de la justicia divina.

   b. La expiación (la paga de los pecados por medio de los sacrificios) se entiende a través de dos pasajes clave en el Nuevo Testamento.

      (1) Romanos 3.25: "A causa de haber *pasado por alto*, en su paciencia, los pecados pasados".

      (2) Hechos 17.30: "Pero Dios, habiendo *pasado por alto* los tiempos de esta ignorancia, ahora manda a todos los hombres en todo lugar, que se arrepientan".

   c. En esta era, Jesús de Nazaret se ha convertido en nuestra *Pascua*, pues con Su sacrificio en la cruz expió -pagó con sacrificio- nuestros pecados. Esto es muy importante ya que en la muerte de Jesucristo, todos nuestros pecados son literalmente "pasados por alto", 1 Corintios 5.7-8.

2. *Después de la Cruz*, la Palabra que convierte es el evangelio de Jesucristo.

   a. Jesús es el Cordero de Dios que quita el pecado del mundo, a través de Su sacrificio en la Cruz, Juan 1.29.

3

Video y bosquejo segmento 1

Pasar por alto:
Los traductores de la Biblia en español querían comunicar dos ideas al usar la expresión "pasar por alto". Los pasajes aquí citados hacen una referencia directa a la Pascua, que justamente significa pasar por alto. Primero, se refiere a "pasar por alto" los pecados literalmente. Segundo, "pasar por alto" comunica la idea que Dios fue paciente al pasar por alto los pecados del pueblo; y aunque no los ignoraba, posponía el juicio año tras año (Heb. 10.3, 4). Dios ansiaba el día cuando su Hijo inauguraría el Reino (Heb 10.5), y saldaría todas las cuentas pasadas de todos los pecados del mundo (Heb. 10.17, 18), incluyendo los pecados de aquellos que murieron con "expectativa" y esperanza, aun sin haberlo visto (Heb. 11.13).
~ Enrique Santis

b. En la cruz, Jesús canceló el total de nuestra deuda, juntamente con sus reclamos legales, Colosenses 2.14-15.

c. El sacrificio de Jesús en la cruz es absolutamente suficiente como sacrificio por los pecados, Hebreos 10.11-13.

3. Jesús murió en lugar de la humanidad pecadora, cargando en Su cuerpo su culpabilidad y vergüenza, 1 Pedro 2.24.

4. La Palabra da testimonio de la universalidad de la obra de Dios consumada en Jesucristo.

a. Fue una obra para el mundo entero.

(1) Juan 3.16

(2) Hebreos 2.9

b. Fue una maravillosa obra de mediación y redención para la raza humana entera, 1 Timoteo 2.5-6.

c. También fue una obra de *reconciliación* y *propiciación* para toda la humanidad.

(1) 2 Corintios 5.18-21

(2) 1 Juan 2.2

B. La conversión es a su Palabra, no a las obras.

1. Jesús sufrió una sola vez como Hijo de Dios por nuestros pecados, a fin de acercarnos al Padre, 1 Pedro 3.18.

a.   Es nuestra fe en Cristo la que nos convierte; no la apelación a nuestras propias obras de justicia, ni tampoco la obediencia a la Ley.

b.   Los que son justos ante Dios, vivirán por fe, Romanos 1.16-17.

c.   Como creyentes, caminamos por fe y no por vista, 2 Corintios 5.7.

2.   Cuando creemos en la Palabra de Dios, somos liberados de nuestro pecado, y justificados ante Dios por la gracia, por medio de la fe (*sola gratia* - sólo por gracia; *sola fides*- sólo por fe).

a.   Efesios 2.8-9

b.   2 Timoteo 1.8-10

c.   Tito 2.11-14

C.   La obra de conversión de Dios, a través de la Palabra, se experimenta en los tres tiempos de la obra redentora de Dios:

1.   *Fuimos liberados* (tiempo pasado) del castigo del pecado, a través de la muerte de Jesús en la Cruz.

a.   1 Corintios 1.18

b.   Colosenses 1.13

2. *Somos liberados* (tiempo presente) del poder del pecado, por medio del Espíritu Santo.

    a. Filipenses 2.12-13

    b. Romanos 8.1-4

3. Por último, *seremos liberados* (tiempo futuro) de la presencia misma del pecado en la Segunda Venida de Jesucristo.

    a. Juan 14.1-4

    b. 1 Juan 3.1-3

3

II. La Palabra que convierte nos guía efectivamente al *Metanoia*, es decir, al genuino arrepentimiento.

Componentes bíblicos del arrepentimiento:

A. El arrepentimiento involucra un *cambio de pensamiento.*

1. Mateo 21.28-29 muestra este sentido del arrepentimiento, al ver cómo el hijo cambió su forma de pensar.

2. El hijo pródigo se arrepintió; él tuvo un cambio de pensamiento y se determinó a regresar al hogar de su padre, Lucas 15.17-18.

3. Pedro desafió a los judíos en Pentecostés a arrepentirse; a cambiar su manera de pensar y volverse a Jesucristo, Hechos 2.38.

B. El arrepentimiento requiere demostrar un *profundo pesar* por causa del pecado.

    1. David expresa este pesar en Salmos 38.18.

    2. En la parábola de Jesús acerca del fariseo y el publicano en Lucas 18.9-14, el cobrador de impuestos revela la postura de pesadumbre y su resultado.

C. El arrepentimiento resulta en *confesar y abandonar* el pecado.

    1. El hijo pródigo, Lucas 15.18

    2. El cobrador de impuestos, Lucas 18.13

    3. Confesión *y* abandono del pecado, Proverbios 28.13

    4. *Volviéndonos de los caminos pecaminosos,* Isaías 55.7

D. El arrepentimiento implica *volverse a Dios en Cristo; abandonar la idolatría y la vanidad de la vida.*

    1. Volverse de las tinieblas a la luz, del poder de Satanás a Dios, Hechos 26.18

    2. Dejar los *ídolos* y volverse a *Dios*, 1 Tesalonicenses 1.9

E. La conmoción del arrepentimiento nos lleva a desear la *restitución* y la *restauración* genuinas.

Restitución y Restauración: *Esta aflicción del alma nos hace anhelar la restitución sincera por los daños causados en el pasado; y esta experiencia, cuando se da apropiadamente, restaura nuestra relación con aquellos que sufrieron por nuestros daños, brindándonos una oportunidad genuina de testificarles efectivamente del amor y la transformación que su Palabra produce en nosotros.*
~ Enrique Santis

1. *Zaqueo* demuestra un genuino arrepentimiento cuando declara su deseo de subsanar a los defraudados, haciendo restitución justa a quienes le había robado, Lucas 19.8.

2. El *hijo pródigo*, en respuesta a su arrepentimiento, la relación con su padre es restaurada completamente, Lucas 15.21-24.

III. La Palabra que convierte, la Palabra que lleva al arrepentimiento, también nos lleva a la fe *(pistis)*, Hebreos 11.1.

A. Primero, escuchemos el testimonio apostólico concerniente a la obra de Dios en Jesús de Nazaret, 1 Corintios 15.1-5.

1. Jesús nació de una virgen (encarnado).

2. Jesús vivió en el mundo de acuerdo a la voluntad de Dios.

3. Jesús sufrió en su sacrificio de pasión.

4. Jesús murió en la cruz.

5. Al tercer día, Jesús fue levantado de entre los muertos.

6. Al ser levantado, Él fue visto por muchos testigos.

B. Segundo, confesamos que Jesucristo es Señor, Romanos 10.9.

1. Jesucristo murió y fue exaltado a la diestra de Dios, Filipenses 2.9-11.

3

2. Jesús obtuvo un nombre que es sobre todo nombre, tanto en esta era, como en la venidera; y fue hecho cabeza de la Iglesia, Efesios 1.19-23.

C. Tercero, afirmamos por medio de la fe que el Dios Todopoderoso levantó a Jesús de entre los muertos, Romanos 10.9.

D. Cuarto, basados en esta confesión de fe, Dios nos imparte vida eterna, sólo por gracia (*sola gratia*) y solamente a través de la fe (*sola fides*).

1. Juan 16.7-11

2. Juan 1.12-13

3. 1 Juan 5.11-13

Conclusión

» La Palabra que convierte, es sinónimo de las buenas nuevas de salvación por la fe en Jesucristo. El evangelio de Cristo es la Palabra que convierte.

» Esta Palabra dinámica, nos lleva efectivamente al *metanoia,* es decir, al arrepentimiento del pecado y de las obras religiosas vacías, a la fe en Dios por medio de Jesucristo.

» Esta Palabra produce en nosotros fe (*pistis*), el medio por el cual Dios salva, libera, y rescata al creyente del castigo, el poder y la presencia del pecado.

Seguimiento 1

Preguntas y reflexión acerca del contenido del video

Por favor, tome tanto tiempo como tenga disponible para responder a estas y otras preguntas que el video le sugiera. La Palabra que Convierte es el evangelio de Jesús, el cual nos lleva al arrepentimiento y a la fe; a la salvación en Jesucristo. Es muy importante conocer estos conceptos para poder ministrar y discipular; especialmente, debemos familiarizarnos con la idea que dio vida a la Reforma: *Sola gratia* (sólo por gracia) y *sola fides* (sólo por fe). Sea claro y conciso en sus respuestas, y siempre que le sea posible, ¡apóyelas con la Escritura!

1. ¿Por qué es necesario que un incrédulo experimente una vida interior nueva, y no solamente un cambio exterior de comportamiento, para poder iniciar una relación con Dios por medio de Cristo?

2. ¿Cuál es la relación entre la Palabra de Dios en el evangelio, y la conversión del nuevo creyente? ¿Por qué es necesario creer en las buenas noticias de Cristo para ser salvos por Dios?

3. ¿Cuál es el significado bíblico del término *metanoia*? ¿Cuáles son algunos de los componentes bíblicos centrales de la idea del arrepentimiento? ¿Es posible tener fe salvadora que no incluya arrepentimiento? Explique su respuesta.

4. ¿Cuál es el significado del término *sola gratia*? ¿Cómo nos ayuda este término a entender la naturaleza de la Palabra que convierte?

5. ¿Cuál es la definición de *sola fides*? ¿Cómo nos ayuda la doctrina de la Reforma ("por gracia y sólo a través de la fe") a entender la manera en que Dios convierte el alma del nuevo creyente por la fe en Jesucristo?

6. Mencione una lista específica de elementos, eventos, y proclamaciones asociadas al testimonio apostólico concerniente a Jesucristo. Como creyentes, ¿cómo debemos recibir el testimonio que ellos dieron de la vida, muerte, sepultura y resurrección de Jesucristo?

7. ¿Cuáles son los tres tiempos asociados al poder de redención y conversión (la salvación de Dios en Jesús) para el cristiano? ¿Puede Dios salvar una de las fases, y el creyente estar perdido en las otras? Explique.

8. ¿Por qué es necesario negarnos a la idea de que el arrepentimiento y la fe son una obra que el creyente hace para ganar el favor y perdón de Dios?

3

La Palabra que Convierte

Segmento 2: Evidencias internas y señales externas

Rev. Dr. Don L. Davis

En este segmento, esperamos mostrar cómo el evangelio de Jesucristo, la Palabra de Dios que convierte, produce evidencias que confirman el perdón de Dios y el poder del Espíritu Santo en la vida del creyente. La Palabra que convierte produce evidencias internas, las cuales sirven como señales para exhibir la transformación en Jesucristo. Éstas incluyen el conocimiento de Dios como Padre celestial, una nueva experiencia de oración, una apertura a la Palabra de Dios, y la disponibilidad para seguir la voz del Señor Jesús. De la misma manera, el que cree en el evangelio de Jesús exhibe señales exteriores, incluyendo la propia identificación con el pueblo de Dios, la manifestación de un carácter y estilo de vida Cristo-céntricos, amor hacia otros cristianos, y la demostración del deseo de ver a los perdidos ganados para Cristo.

El objetivo de este segundo segmento, de *La Palabra que Convierte,* es ayudarle a entender, recitar, y discutir las siguientes verdades:

- La Palabra que convierte es un poder que reproduce la vida misma de Dios en el corazón y la vida del cristiano; demostrado interna y externamente a través de evidencias de la obra del Espíritu Santo.

- Esta Palabra convertidora y vivificante, produce señales internas que proveen confianza en la obra del Espíritu Santo. Estas evidencias incluyen el conocimiento de Dios como Padre; una nueva experiencia de oración; una apertura y deseo ferviente por la Palabra de Dios como alimento; y la disponibilidad para seguir la voz interna de Jesús como Pastor.

- La Palabra de Dios también produce las correspondientes evidencias externas que demuestra un auténtico cristiano, lo que incluye la asociación e identificación pública con el pueblo de Dios; la demostración de nuevos anhelos, valores y estilos de vida diferentes, por medio de un nuevo carácter Cristo-céntrico; amor hacia otros cristianos, y un deseo creciente de ganar a los perdidos para Jesucristo.

Resumen introductorio al segmento 2

3

Video y bosquejo
segmento 2

I. **La Palabra que convierte produce señales internas de vida, que sirven como evidencia para mostrar nuestra transformación en Jesucristo.**

A. Una de estas señales es una creciente *seguridad interna de que Dios se ha convertido en el Padre celestial* del creyente.

2 Corintios 13.5

Examinaos a vosotros mismos si estáis en la fe; probaos a vosotros mismos. ¿O no os conocéis a vosotros mismos, que Jesucristo está en vosotros, a menos que estéis reprobados?

1. El significado de la vida eterna es *conocer al Padre a través de su Hijo,* Jesucristo, Juan 17.3.

2. Esta *obra sólo puede ser de Dios,* ya que nadie puede conocer a Dios sin la obra de Jesucristo, Mateo 11.27.

3. *El Espíritu Santo testifica al espíritu del creyente* que pertenece al Padre, Romanos 8.16-17.

4. Aquellos que pertenecen a Dios, desarrollarán una *creciente confianza interna, que testificará que somos del Señor,* y que el Dios y Padre de nuestro Señor Jesucristo es también su Dios, 1 Juan 3.19-24.

B. Otra evidencia interna de la conversión auténtica, es la *experiencia de hablar con Dios por medio de la oración.*

1. *El Espíritu Santo viene a habitar en el nuevo creyente por la fe,* y su presencia en el cristiano produce un nuevo deseo de comunicarse con Dios. El Espíritu Santo llena al cristiano, capacitándolo para orar y adorar a Dios.

   a. Debemos ser *llenos* del Espíritu Santo, Efesios 5.18-19.

   b. *Debemos dar gracias en todo,* pues esta es la voluntad de Dios para nosotros, 1 Tesalonicenses 5.16-18.

2. El Espíritu Santo *fortalece la oración personal del cristiano*, de maneras espirituales profundas, Romanos 8.26-27.

3. Los que ya somos salvos, clamamos "¡Abba, Padre!" (en Arameo: "¡papá!") en nuestros corazones, pidiendo vehementemente a nuestro Papá Dios que provea para nuestras necesidades, Romanos 8.15.

C. Otra evidencia interna de conversión es la *apertura y deseo ferviente por la Palabra de Dios.*

1. Así como un recién nacido, el creyente auténtico *desea la leche pura de la Palabra de Dios,* la fuente de su fuerza y nutrición, 1 Pedro 2.2.

2. *El ministerio de enseñanza del Espíritu Santo* produce nuevos niveles de discernimiento, de deseo ferviente, y de compromiso con la Palabra de Dios.

   a. 1 Corintios 2.15

   b. 1 Juan 2.27

   c. Juan 16.12-15

3. Alimentándose de la Palabra de Dios, el creyente *aumenta su conocimiento de Cristo,* 2 Timoteo 1.12.

D. Una última evidencia interna de conversión se relaciona con la habilidad de *escuchar a Jesús y seguirlo.* El nuevo creyente reconoce y sigue la voz de su Salvador.

1. Los que conocemos a Jesucristo, *escuchamos su voz y no vamos tras voces de extraños*, Juan 10.1-6.

2. El compañerismo con Dios está basado en *caminar continuamente en la luz*, y recibir la limpieza del pecado en nuestras vidas a través de la sangre de su Hijo, 1 Juan 1.5-10.

3. Todos los que pertenecen a Dios, *desean seguirle* y buscar formas para responder correctamente a Su voluntad revelada, 1 Juan 2.3-6.

II. La Palabra de Dios produce en el cristiano evidencias externas de la salvación, que a la vez proveen señales de arrepentimiento auténtico y fe.

A. *Una fuerte asociación e identificación con otros cristianos* - que son el pueblo de Dios, su nueva familia.

1. La Palabra de Dios es la semilla que produce el "nuevo nacimiento", y lleva al creyente a la *familia de Dios.*

a. Si no hemos nacido de nuevo, por el "agua" y el Espíritu, no podremos entrar al e.d.,de Dios.

(1) Juan 1.12-13

(2) Juan 3.5

b. La Palabra de Dios es la *"semilla"* y la *"palabra implantada"* que produce en nosotros el nuevo nacimiento, Santiago 1.18, 21.

3

2. Limpio por la Palabra vivificante, el nuevo creyente es *habitado por el Espíritu Santo, quien le da una nueva naturaleza,* la cual es "renovada en el conocimiento de la imagen de su Creador".

  a. Colosenses 3.9-11

  b. Efesios 2.19

3. Al nacer de nuevo y *entrar a la familia de Dios,* los nuevos creyentes llegan a ser miembros del linaje de Dios, y anhelan crecer y compartir con otros creyentes, Gálatas 3.26-28.

4. Aquellos que se han convertido auténticamente, no ignoran la importancia del compañerismo, y *se identifican y asocian con el pueblo de Dios como su nueva familia,* Hebreos 10.24-25.

5. Los que *rechazan la asociación con el cuerpo de Cristo,* mostrarán que tienen una mente mundana, o que aún no pertenecen a Dios, 1 Juan 2.19.

B. Quienes han experimentado la Palabra que convierte, *mostrarán más y más el carácter de Jesús* en su diario vivir.

  1. La intención de Dios es *conformar a todos sus hijos a la imagen de su Hijo.*

    a. Romanos 8.28-29

    b. 2 Corintios 3.18

    c. Mateo 11.28-30

2. El *fruto del Espíritu* está disponible para el nuevo creyente en el Señor, pues el cristiano se convierte en su morada, Gálatas 5.22-23.

3. Quien *posee la esperanza de gloria en Cristo, se purificará a sí mismo como también lo hizo Él*, 1 Juan 3.2-3.

C. La evidencia del *amor de Cristo y el servicio a otros creyentes*.

1. En esto conocerán todos que sois mis discípulos, si *tuviereis amor* los unos por los otros, Juan 13.34-35.

2. El que no ama, *no ha conocido a Dios*, 1 Juan 4.7-8.

3. 1 Juan 3.14

3

D. La evidencia externa de un *deseo público de compartir las Buenas Nuevas con los perdidos*, con los que aún no conocen a Cristo.

1. Mostraremos una *disponibilidad creciente para compartir las buenas nuevas del evangelio* con aquellos que aún no las conocen.

a. Filipenses 1.18

b. Debemos *estar siempre preparados* para presentar defensa de la esperanza que hay en nosotros, 1 Pedro 3.15

2. *Derramaremos nuestro corazón en oración por los que aún no conocen a Cristo*, Romanos 10.1.

3. Incrementaremos nuestra *disponibilidad para hacer grandes sacrificios* en favor de los que aún no son salvos, para que por este medio, lleguen al conocimiento del Señor, Romanos 9.1-3.

Conclusión

»   La Palabra que Convierte, es la Palabra viviente y dinámica que produce evidencias internas y externas de una nueva vida en el cristiano.

»   La Palabra viviente produce abundantes evidencias dentro del corazón de todo cristiano, como muestra de que ellos pertenecen a Dios; esto incluye el conocimiento de Dios como Padre; una nueva experiencia de oración a Dios; un deseo ferviente de alimentarse de la Palabra de Dios, y una disponibilidad para escuchar la voz de Jesús como Pastor.

»   Ésta también produce las correspondientes evidencias externas del poder convertidor de la Palabra. Entre otras cosas, produce una asociación e identificación pública con el pueblo de Dios, la demostración de nuevos deseos y valores, un estilo de vida con un nuevo carácter Cristo-céntrico, amor por los demás creyentes, y un deseo constante de que los perdidos sean ganados para Jesucristo.

Las siguientes preguntas fueron diseñadas para ayudarle a repasar el material del segundo video del segmento. La capacidad y el poder que tiene la Palabra de Dios para producir en el creyente frutos genuinos, es nuestra esperanza y fuerza en el ministerio. Avanzamos compartiendo de la Palabra de Dios, motivados por la plena confianza que tenemos en la capacidad que tienen las Escrituras para transformar la vida de aquellos que la reciben sinceramente y creen en ella. Sea claro y conciso en sus respuestas; y cuando le sea posible, ¡apóyelas con la Escritura!

1. ¿En qué forma cambia la Palabra de Dios la relación del nuevo creyente con el Padre celestial? ¿Qué tipo de seguridad tendrá el nuevo creyente respecto a su nueva relación con Dios a través de la fe en Cristo, y la presencia del Espíritu Santo dentro de él?

2. ¿De qué manera afirma la Escritura que la experiencia de la oración es una evidencia de ser convertido por la Palabra de Dios?

Seguimiento 2

Preguntas y reflexión acerca del contenido del video

3. Como resultado de la influencia de la Palabra de Dios en el corazón del creyente, ¿qué tipo de actitud tomará éste, y qué ocurrirá en su vida, en relación al deseo de entender la Palabra de Dios y seguir los mandamientos de Jesús?

4. ¿Debe una persona demostrar alguna de estas u otras evidencias de conversión, para declarar que pertenece a Dios? ¿Es posible estar convertido y no mostrar evidencia alguna de cambio interno? ¿Por qué?

5. ¿Cuál es la actitud de cada creyente auténtico hacia el pueblo de Dios, la Iglesia? ¿Es posible mantener una relación íntima con Dios en Cristo, y a la vez ser indiferente a los demás cristianos? ¿Por qué?

6. ¿Cuál es la conexión entre amar al Señor Jesús y amar a otros creyentes? Por favor, explique.

7. La Palabra de Dios, cuando convierte, cambia la actitud del creyente respecto a los perdidos. Explique cómo la Palabra de Dios cambia la relación del nuevo creyente con aquellos que no conocen al Señor Jesús.

8. ¿Puede una persona realmente asegurar que tiene intimidad con Jesús, si ésta no muestra interés en la salvación de los perdidos? Explique su respuesta.

CONEXIÓN ▶

3

Resumen de conceptos importantes

Esta lección se enfoca en la capacidad de la Palabra de Dios para crear vida nueva en el creyente por medio del arrepentimiento y la fe, con el propósito de liberar al creyente del efecto y el poder del pecado, y producir en su corazón señales vitales de la presencia y el poder del Espíritu Santo. La Palabra que convierte (transforma) la vida de los creyentes, es la que los acerca a Dios y a Cristo, y les da el deseo de glorificar a Dios a través de todos los aspectos de su vida.

- La Palabra que convierte es sinónimo de las buenas nuevas de salvación por la fe en Jesucristo. El evangelio de Jesucristo es la Palabra que convierte.

- La Palabra de Dios lleva al creyente al *metanoia*, es decir, al arrepentimiento de pecados y la reconciliación con Dios por medio de Jesucristo, y por la fe en el evangelio.

- Esta Palabra, que produce arrepentimiento (*metanoia*) para salvación, también es la que opera el mismo poder para producir la fe (*pistis*) en el creyente. La fe en la Palabra de Dios es el medio por el cual el Padre salva y rescata al creyente del castigo, el poder, y la presencia del pecado.

- Como resultado del arrepentimiento y la fe en la Palabra de Dios, el corazón del creyente muestra nuevas evidencias del perdón de Dios y del poder del Espíritu Santo.

- La vida personal del creyente es transformada por la Palabra de Dios. Internamente, el creyente siente y experimenta evidencias de una nueva vida en Jesucristo, incluyendo el conocimiento de Dios como Padre celestial, una nueva experiencia de oración, una apertura a la Palabra de Dios, y una disponibilidad para escuchar y obedecer la voz interna del Señor Jesús.

- La Palabra de Dios también es efectiva y activa en la producción de evidencias externas en la nueva vida del cristiano. Éstas incluyen (aunque no se limitan a tales cosas) la propia identificación con el pueblo de Dios como su nueva familia, la exhibición de un carácter y estilo de vida Cristo-céntricos, amor por los demás creyentes, y un deseo de que los perdidos sean ganados para Cristo.

- *Sola gratia* (sólo por gracia) y *sola fides* (y sólo por la fe) son términos del latín que nos ayudan a resumir la naturaleza de la conversión a través de la fe en el evangelio de Jesucristo. Somos salvos por gracia, por medio de la fe solamente; es decir, a través de nuestra confianza en la obra de Jesucristo realizada en la cruz. Esta *gracia* y *sólo* esta maravillosa *fe*, son la base sólida y confiable de la redención, el perdón, y la aceptación de Dios.

3

Ahora es el momento para discutir con sus compañeros estudiantes, sus preguntas acerca de la naturaleza del poder convertidor de la Palabra de Dios. Piense cuidadosamente en sus propias ideas, y úselas como referencia para hablar de la conversión por medio del arrepentimiento y la fe. ¿Qué preguntas particulares tiene usted acerca del material que acaba de estudiar? Tal vez algunas de las preguntas siguientes podrían ayudarle a formular preguntas más específicas e importantes.

Aplicación del estudiante

* ¿Puede una persona aseverar que conoce a Dios íntimamente, y aún así no mostrar ninguna evidencia externa de estar convertido? ¿Por qué es crucial para el que asegura conocer a Dios, que muestre señales de conversión genuina en su vida?

* ¿En qué medida transforma la Palabra de Dios las actitudes y acciones de la persona que cree? ¿Es necesario que conozcamos exactamente cómo funciona este proceso en el corazón? ¿Por qué?

* ¿Por qué a veces parece que la Palabra de Dios no tiene ningún efecto en la vida y actitud de las personas, aún siendo creyentes? Si la Palabra está siendo enseñada, ¿cuál es el problema, por qué no parece tener ningún resultado en la vida de los oyentes?

* ¿Debemos esperar que ocurra algún cambio o reacción en los demás cada vez que compartimos la Palabra de Dios, ya sea que los oyentes sean creyentes o no? Explique su respuesta.

Casos de estudio

¿Debe el arrepentimiento ser entendido como una «Obra»?

1 Mientras un grupo de la iglesia estudiaba el Evangelio de Lucas, se dio inicio entre los miembros una discusión muy acalorada respecto a la naturaleza del arrepentimiento. Algunos empezaron a argumentar que, al ser salvos por gracia y sólo por la fe, es un error decir que el arrepentimiento es una acción independiente de la fe. Decían que cuando alguien se vuelve a Dios y confía en Jesús, el arrepentimiento está presente en esa confianza, aunque no se demuestre con acciones inmediatas. El segundo grupo argumentó que el arrepentimiento es una acción separada que viene antes de la fe. Los del tercer grupo se confundían cada vez más a medida que el tiempo avanzaba, sin lograr entender la razón ni la importancia de la discusión. Si usted fuera asignado a ayudarles a entender este asunto, ¿qué les enseñaría y qué haría usted precisamente?

3

Sin evidencias, no hay salvación.

2 Dios está obrando poderosamente por medio del nuevo pastor de jóvenes que vino a la iglesia. Más y más chicos están añadiéndose a las reuniones, y muchos jóvenes están haciendo su confesión de fe en los conciertos de alabanza y las reuniones evangelísticas auspiciadas por la iglesia. Al ver que los números se incrementan, algunos han empezado a dudar de la sinceridad de los jóvenes que están llegando a buscar del Señor. Muchos de los jóvenes continúan vistiéndose de la misma forma, otros continúan fumando, y algunos todavía hablan palabras vulgares; aunque varios muestran un cambio radical. Si se le pidiera hablar con el pastor de jóvenes, ¿cómo manejaría usted el asunto del cambio y conversión de los chicos, si el pastor de jóvenes le pregunta su opinión de lo que está sucediendo?

¿Cuánto tiempo tendremos que esperar?

Recientemente, tres jóvenes aceptaron a Cristo en el parque donde un grupo de "racistas blancos" se reúnen. Ese grupo está comprometido profundamente con los valores racistas, y consideran inferiores a los demás grupos raciales. Son verbalmente violentos, especialmente en contra de los latinos y los de raza negra. Últimamente se ha notado un cambio verdadero en la vida de estos muchachos, en el transcurso de su asistencia a la iglesia y su participación en los grupos de hogar. No obstante, usted puede notar que todavía existen profundos prejuicios y actitudes de racismo en su comportamiento. Algunos miembros de la iglesia están escépticos y dudan de su conversión, mientras que otros los defienden, argumentando que Dios está obrando en su vida y continuará esa obra de crecimiento en Cristo. ¿Qué clase de cambio podemos esperar en la vida de estos jóvenes? Si toma tiempo, ¿cuánto se debe esperar para que venzan las ataduras del prejuicio racial?

«Yo no me siento cómoda haciendo eso»

Una hermana en la fe ha estado asistiendo a la clase bíblica para nuevos miembros, y cada semana lucha en contra de su dificultad para orar en público. Ella es tímida y prefiere orar a solas; sin embargo, ella se siente incómoda al orar en voz alta, frente a otros. Aunque la idea de orar en público no parece ser un problema, ella no está convencida de que orar en voz alta sea necesario. La última vez dijo: "¿No les dijo Jesús a sus seguidores, que oraran en su recámara y en privado? ¿Por qué entonces es importante orar con otros en voz alta?" ¿Qué consejo le daría usted a esa hermana para ayudarle a entender que la oración es una de la evidencias de la conversión y que todo convertido debe practicarla? ¿Es necesario que ella aprenda cómo hacerlo públicamente? Si ella continúa rehusándose a orar, ¿deberíamos concluir que ella no es salva? ¿Por qué?

El evangelio de Jesucristo es la Palabra que convierte. El Espíritu de Dios usa la Palabra para producir el *metanoia*: el arrepentimiento del pecado y la reconciliación con Dios a través de Jesucristo. Esta obra también produce *pistis* (fe), la cual salva, libera y rescata al creyente del castigo, el poder y la presencia del pecado. La Palabra de Dios, una vez activada por el arrepentimiento y la fe, produce un testimonio confirmante del perdón de Dios y el poder del Espíritu Santo en la vida del creyente. Internamente, las evidencias incluyen el conocimiento de Dios como Padre celestial, una nueva experiencia de oración, una apertura a la Palabra de Dios, y una disponibilidad a seguir la voz de Jesús. Externamente, la Palabra crea una identificación con el pueblo de Dios, la demostración

Reafirmación de la tesis de la lección

3

de un carácter nuevo en Cristo, y un estilo de vida diferente; amor por los demás creyentes, y un deseo de poder ver a los perdidos convertidos a Cristo.

Recursos y bibliografía

Si usted está interesado en aprender más de las ideas discutidas en esta lección respecto al poder de la Palabra de Diós para transformar y convertir, puede leer estos libros (algunos de estos t tulos pueden estar disponibles en español, o revise nuestro portal en la red cibernética para recursos adicionales en español):

Henrichsen, Walt. *Layman's Guide to Applying the Bible.* Grand Rapids: Zondervan Books, 1985.

Kuhatschek, Jack. *Applying the Bible.* Grand Rapids: Zondervan Books, 1990.

Lewis. C. S. *Mere Christianity.* New York: Macmillan Company, 1960.

Stott, J. R. W. *Understanding the Bible.* Glendale: Regal Books, 1972.

Conexiones ministeriales

La aplicación de estas verdades en su propio ministerio, a través de su iglesia, representa el punto fundamental de esta enseñanza. Al pensar acerca del poder convertidor de la Palabra de Dios, ¿qué desafíos, problemas, o situaciones específicos está usted confrontando en su ministerio a causa de aplicar y entender estas verdades? De todos los temas que el ministerio confronta, tal vez ninguno sea tan importante como nuestra confianza y capacidad para usar la Palabra de Dios, y la capacidad que esta Palabra tiene para transformar y convertir la vida de aquellos con quienes la compartimos. Concéntrese en las diferentes oportunidades de ministerio que tiene a su alcance, y pídale al Espíritu Santo que le enseñe dónde y cómo usted podría aplicar las enseñanzas de esta lección sobre la Palabra de Dios. Mientras piensa en su proyecto ministerial para este módulo, considere usarlo para conectarlo con estas verdades de forma práctica. Busque el rostro de Dios para ganar sabiduría, y así regresar la próxima semana, preparado para compartir con sus compañeros acerca de lo que ha aprendido y aplicado, como resultado de esta clase.

Consejería y oración

Indudablemente, usted conoce ejemplos y situaciones muy específicos por los cuales usted mismo o aquellos a quienes usted ministra necesitan experimentar el poder convertidor y transformador de la Palabra de Dios. Quizás algunas de estas necesidades y situaciones

3

han sido aclaradas por medio de su estudio de la Palabra de Dios y su capacidad para convertir y transformar. No dude en buscar a un compañero de oración con quien compartir sus cargas y peticiones específicas, a fin de pedirle a Dios que el poder convertidor de la Palabra sea derramado en su vida y en la vida de los demás. Siempre recuerde que su instructor está dispuesto a darle asistencia en esta jornada. Sepa también que los líderes de su iglesia (y en especial su pastor) están especialmente capacitados para ayudarle a responder cualquier pregunta difícil que resulte como reflexión de este estudio. Esté abierto a Dios y su dirección. Pídale a Dios que confirme su Palabra con señales y prodigios en su vida, así como en las vidas de aquellos a quienes ministra. Reclame la promesa específica de Dios en Isaías 55.8-11, la Palabra de Dios no volverá vacía sino que cumplirá el propósito para el que fue enviada.

ASIGNATURAS

Romanos 10.8-13

Versículos para memorizar

Para prepararse para la clase, por favor visite www.tumi.org/libros para encontrar las lecturas asignadas de la próxima semana o pregunte a su mentor.

Lectura del texto asignado

Como siempre, usted deberá traer el Reporte de lectura, el cual contiene el resumen del material leído durante la semana. También, para esta fecha, ya debe tener elegido el texto para su proyecto exegético, que tiene que ser entregado con la propuesta de su proyecto ministerial.

Otras asignaturas o tareas

En nuestra lección final, estudiaremos la Palabra de Dios como "La Palabra que Llama". Aprenderemos cómo la Palabra nos llama al discipulado, a vivir la aventura de Su historia a través de una vida comprometida con el discipulado. Se nos pide que estemos incondicionalmente disponibles para Jesús, y de esta manera, amarlo profundamente por sobre todas las cosas, tomando nuestra identidad como extranjeros y peregrinos en este mundo, y como esclavos de Su gloria. Todo lo que somos y tenemos en esta vida debemos dedicarlo a conocer a Dios, y a impartir ese conocimiento a los demás. Además, exploraremos cómo la Palabra de Dios nos llama a vivir y trabajar en comunidad, a vivir libres en Cristo como una oportunidad para amar y evangelizar; cumpliendo la Gran Comisión; batallando contra nuestro enemigo espiritual, el diablo, y mostrando la vida del Reino a través de nuestro amor y trabajo.

Esperamos ansiosamente la próxima lección

Nombre_____

Fecha_____

Por cada lectura asignada, escriba un resumen corto de uno o dos párrafos, sobre el punto central del autor. (Si se le pide otro material o lee material adicional, use la parte de atrás de esta hoja).

Lectura #1

Título y autor:_____ páginas _____

Lectura #2

Título y autor:_____ páginas _____

La Palabra que Llama

Objetivos de la lección

¡Bienvenido en el poderoso nombre de Jesucristo! Después de leer, estudiar, discutir y aplicar los materiales de esta lección, usted estará capacitado para entender, articular y defender las siguientes verdades:

- La Palabra que efectivamente nos lleva a la salvación y la conversión, también nos llama a vivir como discípulos de Jesús, sujetos a Su voluntad.

- Esta Palabra que nos llama al discipulado, demanda que estemos disponibles para amar a Jesús profundamente, por sobre todas las cosas, por sobre cualquier otro amor (incluyendo nuestro cónyuge y familia), de tal manera que le sirvamos como lo que es: Señor (*dueño*) de todo.

- El llamado también nos desafía a que adoptemos nuestra nueva identidad en Cristo, como extranjeros y peregrinos que somos en este mundo; actuando y trabajando como ciudadanos del e.d.,de Dios en este mundo, y representantes de Jesús.

- El estilo de vida del discipulado se demuestra cuando respondemos positivamente al llamado de vivir como siervos sacrificados para Su gloria. Como esclavos de Cristo, consagramos todo lo que somos y tenemos para glorificarlo y cumplir Su voluntad en este mundo, por medio de Su dirección.

- También somos llamados a vivir y trabajar en comunidad, como miembros de la gloriosa familia de Dios en Su mismo pueblo (*laos*).

- Los discípulos de Jesús son llamados a vivir en la libertad de Jesucristo, pero usando esa libertad como oportunidad para obedecer el Gran Mandamiento, y dar testimonio claro del propósito salvador de Cristo.

- La Palabra que llama al discipulado, a la comunidad y a la libertad, también nos llama a la misión. Como representantes del e.d.,de Dios, somos llamados a cumplir la Gran Comisión, para batallar contra nuestro enemigo espiritual, el diablo, y mostrar la vida del Reino, a través de nuestro amor y buenas obras.

4

El camino del viajero

Leer Mateo 4.17-22. ¿Cuál es su propósito en la vida, su mayor interés, el mayor "por qué" detrás de todos los "qué", "quiénes", y "cómos" en su vida? Ninguno puede vivir una vida plena o llegar a entender su cometido, sin antes conocer a qué fue llamado, y lo que Dios demanda específicamente de su vida. El escritor Os Guinness, en su libro *The Call* (El llamado), habla de la pasión que existe en el corazón de todos los que encuentran el propósito máximo de su vida. "Muy dentro de nuestro corazón, todos queremos identificar y cumplir un propósito más grande que nosotros mismos. Sólo un propósito tan grande es capaz de inspirarnos para remontar a las alturas que sabemos que nunca podríamos alcanzar por nuestra propia fuerza. Para cada uno, el propósito verdadero es personal y apasionante: significa conocer lo que debemos hacer aquí y porqué. Kierkegaard, escribió en su *Diario*: 'La pregunta es llegar a entenderme a mí mismo para poder descubrir lo que Dios quiere que haga; la pregunta es encontrar una verdad que sea real *para mí*, encontrar la *idea por la que puedo vivir y morir*'" (Os Guinness, *The Call*. [Nashville: World Publishing, 1998, Pág. 3]).

Jesús predicó acerca de la venida del reinado de Dios a la tierra, llamando a hombres y mujeres a vivir para ese Reino, el cual había llegado en Su persona. Al encontrar a Simón y a Andrés, a Santiago y a Juan, dos pares de hermanos que pescaban, pues para ellos era su llamado y vocación, nuestro Señor los llamó a un propósito más alto aún, más verdadero y sublime: seguirle como Señor, respondiendo a la Palabra de obediencia que salva y discipula - este es el propósito de la vida. Jesús vino a esos hombres, compartió Su llamado de manera simple para que ellos lo siguieran, y Su promesa de que Él los haría "pescadores de hombres". Él no sólo cambió sus trabajos, sino que además transformó sus vidas, y los colocó en un camino que los llevó a la aventura, la conversión, al sufrimiento, y al testimonio. Ellos solamente oyeron su Palabra y respondieron a ella en fe y obediencia. La Palabra que los llamó a la fe, los llamó al discipulado; a través de esa Palabra, ellos descubrieron el significado de la vida misma: glorificar y alabar solamente a Dios, a través del servicio a su Hijo Jesucristo.

Sin importar el camino por el que hoy transitamos, si ponemos atención, oiremos las palabras del Maestro desafiándonos a seguir adelante, aún en los callejones más oscuros y las calles más violentas de la ciudad. Jesús está vivo, y llama a hombres y mujeres por medio de su Espíritu, a vivir como siervos suyos, a aceptar Su aventura y permitirle que su Espíritu haga nuestra vida de nuevo, y así obedecerle día tras día. Los discípulos de la antigüedad (como hacen todos los auténticos discípulos), respondieron inmediatamente al llamado de Dios, obedeciendo con prontitud, con genuina pasión y con amor ferviente. Aunque tenían familia, responsabilidades, obligaciones y trabajos que realizar, ellos dejaron todo atrás, a fin de seguir a Aquel que podía darles lo que ningún otro podía: la vida eterna.

4

Durante su caminar, en su trabajo, en su vida, ¿Ha escuchado y respondido al llamado de Dios a través de Jesucristo? ¿Ha *dejado todo* inmediatamente para seguirlo, como lo hicieron los hermanos del relato? Si le escucha, oirá que Él le está dando a usted la misma Palabra soberana que Él les dio a ellos. Su promesa es segura: "Seguidme y yo os haré pescadores de hombres". Usted no vive más para usted mismo sino que vive para Su gloria, y se ha convertido en testigo de Su grande y gloriosa salvación. Responda a su Palabra, conviértase en Su discípulo; obedezca rápidamente a la Palabra que lo llama hacia Él mismo y al discipulado.

El Credo Niceno y oración

Después de recitar y/o cantar El Credo Niceno (ver el apéndice 1), ore lo siguiente:

Eterno Dios, Padre de nuestro Señor Jesucristo, te pedimos que tu Hijo, el Señor viviente, nos dé una palabra que nos atraiga a Ti, que nos llame a ser Tu pueblo y que nos sostenga con el poder de tu Espíritu. Somos llamados al discipulado, a la comunidad y al compañerismo cristiano, a la libertad, y a la misión. Permite que Tu santa y eterna Palabra sea escuchada en medio nuestro y nos dé el valor y la pasión que necesitamos para seguir esa Palabra con todo nuestro corazón, para servirte con gozo, perseverar en la voluntad de Dios, agradar Tu corazón y darte gloria en la Iglesia. Gracias por la Palabra que nos llama y nos lleva a Ti mismo. En el nombre de Jesús, Amén.

"Te damos gracias, Señor, Dios Todopoderoso, porque Tú nos has reavivado por medio de Tu don celestial. Oramos que por Tu misericordia, podamos alcanzar una fe firme en Ti y un amor ferviente entre unos y otros. Por tu Hijo Jesucristo, nuestro Señor. Amén".

~ Martín Lutero. **Devotions and Prayers of Martin Luther**. Trans. Andrew Kosten. Grand Rapids: Baker Book House, 1965. Pág.39.

4

Prueba

Ponga sus notas aparte, concentre sus pensamientos y reflexiones, y realice la prueba para la lección 3, *La Palabra que Convierte*.

Revisión de los versículos memorizados

Repase con un compañero, escriba o recite de memoria el texto asignado en la última clase: Romanos 10.8-13.

Entrega de tareas

Entregue el resumen de la lectura asignada la semana anterior, es decir, sus respuestas con la explicación de los puntos más importantes que los autores quisieron exponer en la lectura asignada (Reporte de lectura).

¿Hasta cuánto dinero puede hacer un cristiano?

En una célula de hombres en una iglesia, se ha venido formando un caluroso debate desde que comenzaron el estudio del Evangelio de San Lucas, especialmente a partir de que leyeron el capítulo 14 versículo 33: *"Así, pues, cualquiera de vosotros que no renuncia a todo lo que posee, no puede ser mi discípulo"*. Uno de los hermanos que interpretó este pasaje, juntamente con otros textos de la Biblia, dijo que no era posible que un cristiano fuera rico o tenga muchas posesiones terrenales, pues aquí dice que hay que renunciar a todo lo que uno posee. Otros hermanos argumentaron que su interpretación era sumamente extrema; que la idea del versículo se enfoca en *estar dispuesto* a renunciar a todas las posesiones, no a *deshacerse* de ellas. ¿Qué característica natural del discipulado se destaca en esta conversación?

¿Cita con la esposa o cita con el servicio?

Los ancianos de la iglesia se reúnen cada dos viernes por la noche, pues es el tiempo apropiado para que la mayoría de las personas puedan asistir. Uno de los hermanos decidió que necesitaría renunciar a la reunión, porque durante los últimos años había dedicado cada viernes para citarse con su esposa. Ya que Dios le permite dar prioridad a su matrimonio por sobre los asuntos de la iglesia, él argumenta que simplemente no puede servir más en la reunión del Consejo de Ancianos. Los demás miembros del consejo manifestaron que todo anciano tiene un llamado especial para servir, por lo que la iglesia y sus asuntos deben tener prioridad sobre el matrimonio y la familia. El anciano respondió con la Escritura, la cual sugiere que la familia debe ser un modelo de Cristo y la Iglesia. ¿Qué lado del argumento le resulta más persuasivo?

Invítelos al discipulado, no a la salvación.

Una iglesia bautista del área está confrontando una controversia acerca de sus reuniones de adoración. El nuevo pastor, un excelente cristiano y maestro de la Biblia, cree que no hay salvación cuando no hay un compromiso con el discipulado. Al final de sus reuniones, la iglesia invita a los asistentes que no han aceptado a Cristo a venir a Él en fe y obediencia. Desde su llegada, él ha predicado con firmeza que si uno se rehúsa a reconocer a Jesús como su *Señor,* entonces no puede recibirlo como *Salvador*. Según él, uno recibe a Jesús como Salvador *y* Señor, y que no hay ejemplos bíblicos para argumentar que uno puede conocerlo primero como Salvador y después como Señor. Esto está en contra de lo que algunos de los diáconos han interpretado como "salvación por gracia por la fe"; sienten que su posición sugiere claramente que la salvación es una *obra* del nuevo creyente y no un regalo de Dios. ¿Cómo entiende usted la invitación de Cristo cuál es su significado?

4

La Palabra que Llama

Segmento 1: Sacrificialmente disponibles para Cristo como peregrinos y extranjeros

Rev. Dr. Don L. Davis

Resumen introductorio al segmento 1

Este primer segmento explora el concepto de la Palabra de Dios como la Palabra que llama al discipulado. Dios no simplemente nos convierte a Cristo; Él nos llama a vivir la aventura de Su *historia*, a través de una vida comprometida al discipulado. La misma Palabra que nos llama a la salvación por la fe, también nos llama a estar dispuestos incondicionalmente a seguir a Jesús, amándolo por sobre todas las cosas, nuestro matrimonio y nuestra familia, de tal manera que le sirvamos sin condiciones. Debemos apropiarnos completamente de nuestra nueva identidad en Cristo; el llamado al discipulado nos lleva a adoptar totalmente la identidad de peregrinos y extranjeros en este mundo, tal como en el pasado muchos anhelaron honrar a Dios y buscar Su nueva ciudad en gloria. El llamado al discipulado, también incluye el mandamiento de Dios a vivir una vida de sacrificio para Su gloria. Todo lo que somos y poseemos en esta vida, debemos dedicarlo a conocer a Dios e impartir ese conocimiento a los demás, como *esclavos* suyos en este mundo.

El objetivo de nuestro primer segmento, *La Palabra que Llama,* es capacitarle para comprobar que:

- La Palabra que nos lleva efectivamente a la salvación y a la conversión, también nos llama a vivir como discípulos de Jesús, obedientes a Su voluntad.

- Esta Palabra que nos llama al discipulado, demanda que estemos disponibles para Jesús, para amarlo por sobre todas las cosas, sobre otros "amores", incluyendo nuestro matrimonio y nuestra familia; para que de esta manera, le sirvamos como Señor por sobre todas las cosas.

- El llamado también pide que nos apropiemos totalmente de nuestra nueva identidad en Cristo como extranjeros y peregrinos en este mundo, que vivamos y trabajemos como hombres y mujeres que actúan y funcionan como ciudadanos del e.d.,de Dios en este mundo y como representantes de Jesús en la tierra.

- La forma de vida del discipulado se demuestra cuando respondemos favorablemente al llamado de vivir una vida de renuncia voluntaria y agradable a Dios, como siervos que somos para Su gloria. Como "esclavos" de Cristo, nos comprometemos a glorificarlo y a cumplir Su voluntad en este mundo, en la forma que Él nos dirija.

4

I. **Así como los discípulos de Jesús, nosotros también somos llamados al discipulado. El primer aspecto de este llamado es el mandamiento de Dios de amar profundamente a Jesucristo.**

Video y bosquejo segmento 1

A. Este amor supremo por Jesucristo tiene que sobrepasar nuestro amor por nuestro cónyuge y nuestra familia.

   1. El amor a Cristo tiene que sobrepasar al amor por nuestros padres y familiares, Mateo 10.34-37.

   2. El amor a Cristo tiene que sobrepasar al amor por nuestro cónyuge y nuestros hijos.

      a. Mateo 10.37

      b. Lucas 14.26

B. Nuestro amor por Cristo debe sobrepasar nuestra asociación con el mundo y sus placeres.

   1. No hagamos tesoros para nosotros aquí en la tierra.

      a. Mateo. 6.19-21

      b. Lucas 14.33

   2. Este amor hará que demos la espalda a la fama y a la fortuna de esta vida.

4

C. El llamado al discipulado involucra la persecución que proviene de aquellos que odian al Señor.

    1. Mateo 10.22-25

    2. Hechos 14.21-22

    3. 2 Timoteo 3.12

    4. Juan 12.24-26

    5. 1 Pedro 2.21-25

II. El llamado al discipulado significa que somos llamados a vivir como extranjeros y peregrinos en este mundo.

A. Hemos sido encomendados a brillar como luces en este mundo lleno de maldad, Filipenses 2.14-16.

    1. No pertenecemos al actual sistema de este mundo, Juan 17.14-18.

    2. Somos llamados a ser *sal* (el "conservante" que sostiene y enriquece la vida) y *luz*, (la fuerza que ilumina el camino que debemos recorrer y expone a otros que quieran entrar a él, mostrándoles lo bueno y lo malo del presente).

        a. Mateo 5.14-16

4

    b.   Efesios 5.8-14

    c.   Romanos 13.11-12

  3. Brillamos, servimos como luces gloriosas en este mundo mientras lo atravesamos, evitamos construir *centros de poder* aquí.

    a.   1 Pedro 2.11

    b.   Hebreos 11.16

B. La Palabra ilumina nuestros intentos bien intencionados, pero imperfectos; nos fortalece para no amar al mundo, evitando de esta manera amar las cosas sin importancia que en él existen, 1 Juan 2.15-17.

  1. Amar al mundo es ir en contra de nuestra relación con Dios, Santiago 4.4.

  2. Apoyamos nuestra esperanza con una perspectiva clara de un cielo nuevo y una tierra nueva, donde la justicia de Dios morará para siempre, 2 Pedro 3.11-13.

  3. Como dijo Jim Elliott, misionero entre los indígenas Aucas del Ecuador, *"No es un tonto aquel que entrega lo que no puede retener, para ganar lo que no puede perder".*

C. Vivir como peregrinos y extranjeros, nos permite usar los recursos del mundo para la gloria de Dios, sin ser absorbidos por ellos.

1. Como peregrinos, no buscamos ningún lugar permanente, así que tenemos la libertad de ir al lugar que Dios nos indique. No tenemos un domicilio permanente en este mundo.

2. Como peregrinos, y de acuerdo a cómo respondamos a su Espíritu Santo, podremos trasladarnos a cualquier lugar que Él desee enviarnos.

3. Puesto que anhelamos nuestro hogar verdadero y eterno, debemos tener la mejor disposición para comunicar el mensaje de Jesucristo a todo el mundo.

III. El llamado al discipulado también abarca el llamado a vivir como siervos sacrificados para la gloria de Jesucristo.

A. Hemos sido llamados para llevar fruto, para que el Padre sea glorificado.

1. El Padre es glorificado cuando los discípulos de Cristo llevan mucho fruto, Juan 15.8.

2. El fruto que llevamos en el nombre de Cristo y para la gloria del Padre debe ser fruto abundante, que perdure y permanezca en nuestra vida, en nuestra alabanza a Dios, y en nuestro ministerio, Juan 15.16.

B. Con el propósito de traer gloria a Dios, debemos adoptar un estilo de vida servicial y de negación propia, demostrando con ello nuestra disponibilidad de morir a nosotros mismos, a fin de tener la libertad de vivir para Cristo y su Reino.

1. Debemos estar dispuestos a sacrificar todo por amor a su Nombre y Su gloria, Filipenses 3.7-8.

2. Hemos sido llamados a tomar nuestra cruz y seguir a Cristo diariamente.

4

  a. Lucas 9.23

  b. Lucas 14.27

  c. 2 Corintios 4.10-12

3. Hemos sido crucificados juntamente con Jesucristo, a fin de que ahora podamos vivir como "siervos y esclavos" de Dios en este mundo.

  a. Gálatas 2.20

  b. Gálatas 6.14

  c. Romanos 6.3-4

4

C. Somos del Señor, sea que vivamos o que muramos, y nuestro deseo debe ser glorificarle, tanto en la vida como en la muerte.

1. Ninguno de los que hemos creído en Cristo, vive o muere para su propio provecho, Romanos 14.7-9.

2. La mente de Cristo (humilde, abnegada y sacrificial) debe ser reflejada en nosotros, Filipenses 2.5-8.

3. Pablo podía decir que tanto en la vida como en la muerte, su único deseo era que el Señor Jesús fuera glorificado en su cuerpo, Filipenses 1.20-21.

Conclusión

» La Palabra nos *llama al discipulado*, a participar en la grandiosa historia del reino de Dios por medio de una vida totalmente comprometida al discipulado.

» Somos llamados a *amar a Jesús de forma suprema*, por sobre nuestro matrimonio y nuestra familia, de tal manera que Su gloria e intereses sean el centro de nuestra vida.

» Somos llamados a *vivir como extranjeros y peregrinos en este mundo*, viviendo libres para dirigirnos como Él nos guie.

» Somos llamados a *ser siervos sacrificados para su gloria*, muriendo a nosotros mismos para que podamos vivir para Su gloria.

Seguimiento 1

Preguntas y reflexíon acerca del contenido del video

Por favor, tome tanto tiempo como le sea posible para responder a estas y otras preguntas que el video haya despertado en usted. Responda las preguntas, y asegúrese de haber captado la idea de cómo la Palabra nos llama a vivir una vida de discipulado radical, bajo el señorío de Jesucristo. Sea claro y conciso en sus respuestas; y cuando le sea posible, ¡apóyelas con la Escritura!

1. ¿Cuál es la relación entre la Palabra de Dios que nos llama al arrepentimiento y a creer en Jesucristo, y la misma Palabra que nos llama a vivir como discípulos de Jesús? Explique su respuesta.

2. ¿Qué implica "amar a Jesús profundamente", por sobre todas las demás cosas, incluyendo nuestro matrimonio, amistades y familiares? ¿Cómo entendemos nuestra fidelidad a Jesús, comparada a otros tipos de fidelidad? Explique.

3. ¿Cuál es la conexión entre vivir fielmente como discípulos de Jesucristo y experimentar persecución? ¿Hay alguna manera de evitar la persecución y continuar siendo discípulo de Jesús?

4. ¿Qué significa que debemos "adoptar nuestra nueva identidad en Cristo como peregrinos y extranjeros en este mundo"? ¿Qué dice la Escritura acerca de aquellos que dicen tener una relación muy cercana con Dios pero que aún aman al mundo y su sistema maligno?

5. Como representantes del Reino venidero, ¿hasta qué punto deberían los cristianos buscar las riquezas, la fama y el poder de este mundo? Explique su respuesta cuidadosamente.

6. ¿Qué significa que Dios nos ha llamado a vivir sacrificialmente como siervos para Su gloria?

7. ¿Cuál sería un ejemplo de "morir a uno mismo" a fin de vivir para Cristo? ¿Vivir como esclavos de Jesús nos da la seguridad de nunca volvernos "ricos y famosos"? Explique su respuesta.

8. Explique la frase "sea que vivamos o que muramos, somos del Señor". ¿Cuál es la actitud de las personas que han muerto a sí mismas y se han entregado completamente a Dios para su gloria?

La Palabra que Llama

Segmento 2: El glorioso *laos* (pueblo) de Dios y su misión mundial

Rev. Dr. Don L. Davis

La Palabra que nos convierte y nos llama al discipulado, también nos llama a vivir y funcionar en comunidad, como miembros de la familia gloriosa del pueblo de Dios (*laos*). Como miembros del pueblo de Dios, somos llamados a libertad, para usar nuestra libertad en Jesucristo como una oportunidad para cumplir el Gran Mandamiento, es decir, amar y servir a otros como a nosotros mismos, para cumplir la Gran Comisión, esto es, salvar a otros para la causa de Cristo. Como miembros de la familia de Dios, y como llamados al discipulado, la comunidad y la libertad, nosotros también somos llamados a alistarnos en la misión del Reino. Dios el Padre nos ha llamado a cumplir la Gran Comisión, a luchar contra nuestro enemigo espiritual, el diablo, y a demostrar la vida del Reino a través de nuestro amor y buenas obras.

El objetivo de nuestro segundo segmento de *La Palabra que Llama,* es capacitarle para entender lo siguiente:

- La misma Palabra que nos llama a vivir individualmente como discípulos de Jesús, también nos llama a vivir y trabajar en comunidad, como miembros de Su familia gloriosa en el pueblo de Dios (*laos*).

- Como miembros de la familia de Dios, somos llamados a vivir en la libertad de Jesucristo, y a emplear esa libertad como una oportunidad para amar a otros, cumpliendo así el Gran Mandamiento, y salvar a otros para cumplir la Gran Comisión, que es la causa de Cristo.

4

Resumen introductorio al segmento 2

- Como miembros libres dentro del pueblo de Dios, somos llamados a una misión. Como discípulos de Jesús en el siglo 21, somos llamados a cumplir la Gran Comisión al hacer discípulos en todas las naciones; batallar contra nuestro enemigo espiritual, el diablo, y demostrar la vida del Reino por medio de nuestro amor y buenas obras.

Video y bosquejo
segmento 2

I. La Palabra de Dios que llama, nos invita a realizar la historia de Dios como pueblo suyo (el *"Laos"* de Dios); a convivir y trabajar en comunidad, como miembros de Su familia.

    A. La Palabra de Dios que nos llama a vivir en comunidad, nos motiva a compartir la vida de Dios por medio de la *regeneración*.

        1. *Palingenesia* — regeneración y "nuevo nacimiento". El poder de la Palabra de Dios realmente crea en nosotros Su propia vida, es decir, nos conecta a la vida misma de Dios. ¡Estamos unidos!

            a. Hemos llegado a ser participantes de la naturaleza de Dios, compartiendo Su vida misma. Él nos ha dado el derecho de recibir Su presencia (comulgar — el verdadero significado de la Santa Cena), por medio de una comunión viva, constante y eficaz, 2 Pedro 1.3-4.

            b. Somos miembros del pueblo y de la familia de Dios. 1 Juan 3.1.

            c. Lo que nace de la carne, es carne, lo que nace del Espíritu (es decir, de la vida de Dios), es espíritu, Juan 3.5-6.

        2. Los creyentes hemos sido unidos en uno solo por medio de la vida de Jesucristo.

4

a. Ahora estamos *en Cristo,* quien es el origen de nuestra vida, y nuestra fuente de energía espiritual, Colosenses 3.4.

    b. A través de la fe, hemos llegado a ser uno en Jesucristo; sin importar nuestra expresión cultural, condición económica, y trasfondo social.

      (1) Gálatas 3.28

      (2) Colosenses 3.11

3. Los creyentes hemos experimentado el *lavamiento de la regeneración* y la renovación por el Espíritu Santo. Compartimos el ADN espiritual de Dios a través de Jesucristo, Tito 3.5-6.

4. A través del Espíritu Santo, nos hemos unido a la vida de Dios juntamente con Cristo; y compartimos juntos la verdadera vida que sostiene al pueblo de Dios.

    a. 1 Corintios 12.13

    b. Efesios 1.13

    c. Existen, y siempre han existido, un sólo Cuerpo, una fe y una esperanza de nuestro llamamiento, Efesios 4.4-6.

    d. La vida cristiana es una vida comunal, una vida que nace, crece y madura dentro del contexto de la comunidad cristiana.

B. Por medio de la regeneración, Dios nos injerta en su comunidad a través de la adopción espiritual.

4

1. Hemos sido *adoptados* como hijos e *integrados* a la familia de Dios. Esto se conoce en el griego como *"huiotesia"*, una combinación griega de los términos "hijo" *(huio)*, y el verbo "colocar" *(tesia)*.

2. Hemos recibido el Espíritu Santo, llamado también "el Espíritu de adopción", Romanos 8.15-16.

3. El Espíritu de adopción nos ha convertido en miembros de la familia de Dios (integrados a Su parentela); y como hijos suyos, somos también herederos de Dios en Cristo, Romanos 8.15-16.

C. Este llamado a la comunidad por medio de la regeneración y la adopción, tiene varias aplicaciones prácticas para nosotros como cristianos y líderes de la iglesia.

1. Dios nos llama a vivir en comunidad, no en aislamiento.

2. Nos hemos vuelto miembros de una Iglesia verdadera, de todos los tiempos y en todo lugar.

3. El discipulado auténtico incluye el hecho de pertenecer a una congregación local de creyentes.

4. El liderazgo cristiano existe para edificar y dar autoridad a la Iglesia, para que todos juntos lleguemos a ser aquello que hemos sido llamados a ser en Jesucristo, Hebreos 13.17.

5. El llamado a la madurez cristiana es un llamado a una comunidad y no simplemente para mi bienestar personal, excluyendo a otros discípulos.

4

II. **La Palabra nos llama a la libertad en Cristo, como una oportunidad para cumplir el Gran Mandamiento, y con el propósito de llevar la salvación a otros por la causa de Cristo.**

A. Como consecuencia de la obra total y suficiente de Jesucristo en la Cruz, Dios llama a todos sus discípulos a vivir libres en Cristo.

1. Fue para dar libertad que Jesús ganó la victoria, y nosotros no tenemos por qué llevar ningún yugo de esclavitud.

   a. Cristo nos dio libertad a través de Su muerte en la cruz, Gálatas 5.1.

   b. Fuimos llamados a libertad, Gálatas 5.13.

2. A través de la sangre de Jesús fuimos liberados de toda forma de justificación propia y de ataduras pecaminosas, Juan 8.31-36.

3. A través de la fe en Cristo recibimos el Espíritu Santo, quien nos ha constituido ministros del nuevo pacto, 2 Corintios 3.17.

B. Las dimensiones y elementos de la libertad que tenemos en Cristo.

1. Fuimos liberados de la vergüenza y la condenación de la Ley, Romanos 8.1-4.

   a. En Jesucristo hemos sido liberados de toda condenación.

   b. Nuestra naturaleza pecaminosa (carne) imposibilita la justificación por medio de la Ley.

c. La justicia de la Ley está siendo cumplida en nosotros, no por nuestro esfuerzo sino por medio del Espíritu Santo.

2. Hemos sido liberados de los esfuerzos vacíos de las obras muertas, las que nos hacían creer que podíamos complacer a Dios por nuestros méritos y esfuerzo personal.

   a. Somos salvos por la gracia a través de la fe, no por obras, Efesios 2.8-9.

   b. Ahora los hijos de Dios podemos descansar; por razón de esa libertad, podemos abandonar nuestras obras muertas y servir a Dios en verdad, Hebreos 4.9-10.

   c. Nuestra conciencia fue limpia y santificada por la sangre de Cristo y por la aceptación de su sacrificio en la cruz por parte de Dios, Hebreos 9.13-14.

3. Hemos sido liberados de la tiranía del diablo, y especialmente de la manipulación del miedo a la muerte, Hebreos 2.14-15.

   a. Por medio de Su muerte en la cruz, Cristo hizo una demostración pública de los principados y poderes de las tinieblas, Colosenses 2.15.

   b. Si estamos firmes en la victoria que Cristo ganó para nosotros en la cruz, el enemigo no puede oprimirnos ni destruirnos.

      (1) Santiago 4.7

      (2) 1 Juan 4.4

      (3) 1 Pedro 5.8-9

4

C. No debemos usar nuestra libertad como un "permiso" para pecar, sino como una oportunidad para cumplir el Gran Mandamiento, es decir, amar y ayudar a otros.

1. Pedro nos exhorta a no usar nuestra libertad como un pretexto para hacer lo malo, sino para vivir como siervos de Dios, 1 Pedro 2.16.

2. Use su libertad como una oportunidad para demostrar amor a todos, en particular a los de la familia de la fe, Gálatas 5.13.

3. Dios nos da la libertad para amar a otros.

a. Debemos adoptar las *características redentoras* (lo que es digno del Señor) de aquellos que están a nuestro alrededor, a fin de llevarles salvación, 1 Corintios 9.19-23.

b. Somos libres de usar cualquier cosa o método que no esté fuera de la voluntad de Dios, para ganar a otros para Él, 1 Corintios 3.21-23.

D. Los propósitos para los cuales somos llamados a usar nuestra libertad en Cristo.

1. Para las cosas que son *provechosas*, 1 Corintios 6.12a: "Todas las cosas me son lícitas, mas no todas convienen".

2. Para nada que sea *ofensivo* o *adictivo*, 1 Corintios 6.12b: "Todas las cosas me son lícitas, mas yo no me dejaré dominar de ninguna".

3. Solamente para lo que es *edificante*. 1 Corintios 10.23: "Todo me es lícito, pero no todo conviene; todo me es lícito, mas no todo edifica".

Dios ha reservado, en toda cultura y contexto, algunas "características redentoras" que pueden ser usadas para hacer posible la predicación del evangelio. Pablo, por ejemplo, examina la cultura ateniense, y descubre que ellos eran tan religiosos que tenían un altar dedicado AL DIOS DESCONOCIDO (Hch. 17.22- 31). ¿Qué características redentoras (no cristianas) hay en su cultura, su barrio, o su ciudad, que le facilitarían la predicación de la Palabra?
~ Enrique Santis

4

4. Para nada que haga *tropezar a un creyente más débil*, 1 Corintios 8.13: "Por lo cual, si la comida le es a mi hermano ocasión de caer, no comeré carne jamás, para no poner tropiezo a mi hermano".

5. Sólo para aquellas cosas que proveen *una oportunidad para amar a nuestros hermanos y hermanas en Cristo*, Gálatas 5.13: "Porque vosotros, hermanos, a libertad fuisteis llamados; solamente que no uséis la libertad como ocasión para la carne, sino servíos por amor los unos a los otros".

6. Sólo para las cosas que *glorifican a Dios*, 1 Corintios 10.31: "Si, pues, coméis o bebéis, o hacéis otra cosa, hacedlo todo para la gloria de Dios".

7. Para nada que sea *ofensivo para judíos, gentiles, o la Iglesia de Dios*, 1 Corintios10.32: "No seáis tropiezo ni a judíos, ni a gentiles, ni a la Iglesia de Dios".

8. Sólo para aquellas cosas que contribuyan a *ganar a otros para Cristo*, 1 Corintios 10.33: "Como también yo en todas las cosas agrado a todos, no procurando mi propio beneficio, sino el de muchos, para que sean salvos".

III. La Palabra de Dios nos llama, como Su pueblo, a involucrarnos en la obra misionera, a hacer discípulos para Jesucristo en todas las naciones; a alistarnos en la guerra espiritual en contra del diablo, y mostrar la vida de su Reino a través de nuestro amor y buenas obras.

A. Como miembros del sacerdocio universal, Dios nos llama a cumplir la Gran Comisión.

1. El mandamiento a la Iglesia es ir y hacer discípulos a todas las naciones, Mateo 28.18-20.

2. Empezamos con nuestra "Jerusalén", luego nuestra "Judea", y después nuestra "Samaria"; finalmente, ir hasta lo "último de la tierra", Hechos 1.8.

3. Somos embajadores de Jesucristo, 2 Corintios 5.18-21.

   a. Todos debemos estar preparados para dar razón de la esperanza depositada en nosotros, 1 Pedro 3.15.

   b. Todos debemos estar listos para compartir de Cristo en nuestro círculo de amigos, familiares, compañeros de trabajo y socios, ministrando la gracia de Dios, 1 Pedro 4.10-11.

B. Como miembros de Su ejército, Dios nos llama a alistarnos activamente en la guerra espiritual en contra de nuestro mayor enemigo, el Diablo.

1. Estamos involucrados en la guerra espiritual contra las fuerzas espirituales que buscan frustrar el propósito del reino de Dios en el mundo, Efesios 6.12-13.

2. Somos llamados a exhibir y refutar las mentiras y engaños del enemigo.

   a. La intención del Diablo es frustrar la obra de Dios en el mundo, destruyendo y dañando la creación de Dios; especialmente los seres humanos, Juan 10.10.

      (1) Ciega el entendimiento de los que no creen, 2 Corintios 4.3-4.

      (2) Oprime a sus víctimas y subordinados por medio del sistema impío de este mundo, el cual está bajo su control, Mateo 4.1-11.

      (3) Persigue al pueblo de Dios a través de la acusación, la oposición, y la interferencia, véase Apocalipsis 12.10.

b. Jesús declara que nuestro enemigo mortal, el Diablo, opera basado en mentiras y engaños, Juan 8.44.

c. La Palabra de Dios es efectiva para desbaratar las mentiras y planes que se levantan sobre el conocimiento de Dios, 2 Corintios 10.3-5.

3. Testificar y vivir la Palabra de Dios nutre y fortalece nuestra fe; nos capacita para usar nuestro armamento con eficacia.

a. Defensivamente, rechazamos las mentiras y argumentos del Diablo por medio de la Palabra de Dios, el escudo de la fe con el que podemos apagar todos los dardos de fuego del enemigo.

(1) Efesios 6.16

(2) Romanos 10.17

b. Ofensivamente, somos llamados a desplegar el e.d.,de Dios por toda la tierra. Podemos frustrar a nuestro enemigo espiritual y estropear sus planes por medio de la espada del Espíritu, proclamando la historia de Dios en Jesucristo.

(1) Mateo 16.18

(2) Efesios 6.17

(3) 2 Timoteo 3.16-17

C. Dios nos llama a servir con compasión y justicia, para mostrar la gloria del e.d.,de Cristo a través de las buenas obras y el servicio.

1. Nosotros fuimos creados para buenas obras, y Dios nos ha llamado a hacerlas, Efesios 2.10.

4

2. Somos el pueblo de Cristo, Su posesión; quienes son mas celosos de buenas obras, Tito 2.14.

3. Debemos buscar hacer obras de justicia entre toda la gente de todas las razas, pero particularmente entre los de la familia de Dios, Gálatas 6.9-10.

4. Somos llamados a demostrar la realidad de nuestra fe por medio de obras de amor; especialmente a los pobres y a las viudas.

    a. Una fe que no va acompañada por obras, es una fe vacía y muerta, Santiago 2.14-26.

    b. El amor de Dios no habita en el corazón de una persona que abandona las necesidades de sus hermanos cristianos, 1 Juan 3.16-18.

    c. Para Dios, la verdadera religión consiste en cuidar de las viudas, los huérfanos, y mantenerse sin mancha en el mundo, Santiago 1.27.

    d. Lo que hacemos - o elegimos no hacer - por el pobre, el forastero, el hambriento, el sediento, el enfermo, los prisioneros y los desnudos, será juzgado como lo que hicimos o decidimos no hacer por Jesucristo mismo, véase Mateo 25.31-46.

4

Conclusión

»   La Palabra que nos llama al discipulado personal, también nos llama a vivir y funcionar dentro de una comunidad cristiana, como miembros de Su familia gloriosa en el pueblo de Dios (*laos*).

»   La Palabra nos llama a vivir libres en Cristo, amándonos y sirviéndonos unos a otros, mientras celebramos la nueva vida y usamos nuestra libertad para ganar a otros para Cristo.

» La Palabra que nos llama al discipulado, a la comunidad y a la libertad, también nos llama a una misión. Hemos sido llamados a cumplir la Gran Comisión, para batallar contra nuestro enemigo espiritual, el Diablo, y demostrar la vida del Reino a través de nuestro amor y buenas obras.

Seguimiento 2

Preguntas y reflexión acerca del contenido del video

Las siguientes preguntas fueron diseñadas para ayudarle a revisar el material en el segundo segmento del video. Al entender la naturaleza de "La Palabra que Llama", podemos tener un breve indicio de lo que significa pertenecer a Dios y el privilegio de ser parte de Su pueblo escogido. Sea claro y conciso en sus respuestas, y cuando le sea posible, ¡apóyelas con la Escritura!

1. ¿Cuál es el significado de los términos bíblicos "regeneración" y "adopción", y cómo estos conceptos nos ayudan a entender la naturaleza del llamado de Dios a vivir en comunidad?

2. ¿De qué manera el Espíritu Santo -siendo el Espíritu de adopción- nos ayuda a vivir y funcionar como miembros de la familia de Dios?

3. ¿Cuáles son algunas de las más grandes implicaciones respecto a la Palabra que nos llama a la comunidad? Al observar tales implicaciones, ¿es posible vivir la vida de discipulado, y al mismo tiempo no poder ser miembro de un cuerpo saludable de creyentes? Explique su respuesta.

4. ¿Qué significa haber sido llamados a vivir libremente en Jesucristo? ¿Hasta dónde concretamente nos liberó nuestro Dios? Específicamente, ¿de qué nos liberó?

5. ¿Cuáles son los elementos y cosas de las que Dios nos liberó? ¿Para hacer qué cosas nos ha liberado nuestro Dios?

6. ¿Qué limitaciones ha puesto el Señor sobre nuestra libertad? En otras palabras, ¿cuáles son los límites, si hay alguno, de la libertad que gozamos? ¿Con qué propósito hemos sido libertados en Cristo?

7. Somos llamados a *una misión*. ¿Cuáles son las responsabilidades o tareas específicas de la Iglesia, asociadas con el llamado de Dios a la misión?

8. Si Jesús ya ha ganado la batalla sobre el Diablo y sus subordinados, ¿qué tenemos que hacer nosotros, exactamente, en nuestra batalla contra el enemigo en este mundo?

4

9. ¿De qué manera podemos cumplir el llamamiento de Dios en nuestra vida, al involucrarnos activamente en el servicio de los pobres y los quebrantados?

Esta lección se enfoca en la extensión y la profundidad del llamado de Dios sobre la vida de quien escucha y responde a su Palabra. La Palabra nos llama al discipulado, a una comunidad cristiana, a la libertad y al compromiso misionero. La misma Palabra que provee nueva vida, también nos llama a un estilo de vida de obediencia radical a Jesucristo como sus discípulos; para cumplir nuestra función como sus embajadores en este mundo.

- La Palabra que crea vida nueva en nosotros, por medio de la fe, también nos llama a vivir como discípulos radicales de Jesucristo, sirviéndole a Él y a su Reino, siendo obedientes a Su voluntad.

- El Padre llama a todos los creyentes a estar incondicionalmente disponibles para su Hijo Jesús; que lo amen por sobre todas las cosas y que vivan solamente para Él, quien es Señor de todo.

- Tenemos una nueva identidad en Cristo como extranjeros y peregrinos en este mundo. Debemos vivir como embajadores de Cristo y como ciudadanos del e.d.,de Dios, ya que somos representantes de Jesús, en medio de este mundo dominado por el maligno.

- Somos siervos, esclavos redimidos por Jesucristo, para que ahora vivamos en libertad para Su gloria. Somos sus prisioneros, sus siervos, facultados con todo el poder que necesitamos; por esto debemos comprometer todo lo que somos para el cumplimiento de Su voluntad en este mundo, de acuerdo a Su dirección.

- Fuimos llamados al discipulado personal, y también somos llamados a vivir y obrar en comunidad; como miembros de la gloriosa familia de Dios en Su pueblo (*laos*).

- Por medio de la regeneración y adopción, el Espíritu Santo ha hecho que el nuevo creyente comparta el ADN espiritual de Dios, y a través de eso, llegue a ser miembro de Su familia.

- Como miembros del pueblo de Dios, al ser llamados a vivir en la libertad de Jesucristo, no usamos nuestra libertad como una máscara para el pecado, sino como una oportunidad para demostrar nuestro amor a otros, y así cumplir el Gran Mandamiento. Este es el testimonio del propósito de la salvación en Jesucristo, el cual debemos presentar a los que todavía no han creído en el evangelio.

4

☛ La Palabra que nos llama al discipulado, a la comunidad y a la libertad también nos llama a una misión. Como testigos de Jesucristo, somos llamados a cumplir la Gran Comisión, y batallar contra el Diablo, nuestro enemigo espiritual; así demostraremos la vida del Reino en nosotros, por medio de nuestro amor y buenas obras.

Aplicación del estudiante

Este es el momento apropiado para que usted comparta con sus compañeros las preguntas acerca del llamamiento que Dios nos hace a través de su Palabra. Las diferentes dimensiones del discipulado, la comunidad, la libertad y la misión, nos demandan reflexión y definición constantes, por lo que es importante entender cómo estos conceptos se relacionan personalmente con su vida y su ministerio. Examine el material rápidamente y piense qué preguntas en particular surgen referentes al tema del llamado de Dios para su vida. Tal vez las siguientes puedan ayudarle a formular preguntas más específicas e importantes.

* ¿Es posible dar muestra de una salvación real y a la vez negar a Jesús, como Señor de nuestra vida? Explique su respuesta.

* Sabiendo que somos llamados a una comunidad cristiana, ¿qué debemos hacer cuando se nos dificulta encontrar una iglesia en la que Jesucristo sea adorado y glorificado de la manera que creemos apropiada? ¿Que piensa del uso de mensajes grabados, cursos, libros y otros materiales de enseñanza, como sustitutos de la predicación directa y personal, y el compañerismo de la Iglesia?

* ¿Qué «enemigos» tiene la vida de libertad en Cristo? ¿Es arriesgado predicar la libertad en Jesús en las comunidades de nuestra ciudad, sabiendo que la gente suele asociar la "libertad" con hacer lo que les da la gana?

* ¿Qué piensa de la actual enseñanza que sostiene que "salud y prosperidad" son señales de la presencia y bendición de Dios? ¿Es una enseñanza equivocada? ¿Cómo se relaciona el llamado al discipulado con este tipo de enseñanza?

* ¿Es absolutamente cierto que vivir de acuerdo al llamamiento de Dios producirá sufrimiento y persecución? ¿Por qué la victoria que Jesús ganó no es automática, es decir, por qué lo que Él hizo en la cruz no erradicó la lucha constante que hoy tenemos en la tierra?

4

En el nombre de Jesús, ¡Sal fuera!

La hermana Gloria ha estado observando diligentemente a algunos maestros de la Palabra por televisión. Ellos enseñan sobre la necesidad y el proceso de ministrar liberación en la iglesia. Completamente convencida de tal enseñanza, empezó a enseñar a las mujeres de su clase de escuela dominical que muchos de los problemas que los creyentes confrontan (si no la mayoría), son consecuencia de su negligencia respecto a echar fuera los demonios que operan en sus vidas. Ella ha comenzado a concentrarse en este ministerio, enseñando técnicas (comúnmente conocidas en la iglesia) sobre cómo echar, identificar, reprender y declarar victoria sobre los demonios. Pero hay algunas hermanas que no están de acuerdo. Dicen que los apóstoles en ningún lado piden que nos involucremos en esta clase de actividad. Si usted fuera responsable de esta situación, ¿cómo la manejaría?

¿Son todos llamados a ir?

En una conferencia sobre misiones, que recientemente se llevó a cabo en la iglesia, uno de los misioneros visitantes, enseñó que si Dios ha llamado a la iglesia a una misión, todos deben asumir que ellos fueron llamados a ir. Si usted escoge quedarse y no ir a un lugar donde el Señor Jesús aún no es conocido - agregó el misionero - usted debe justificar su decisión, pues la Gran Comisión es ir, y es una comisión para toda la iglesia. ¿Cree usted que todos los creyentes somos llamados a ir? ¿O cree usted que sólo algunos son llamados a ir, y otros son llamados a apoyar con sus finanzas y oraciones?

4

Remolineando para Jesús

Para alcanzar con el evangelio a los pandilleros del barrio y traerlos a la iglesia, el grupo de jóvenes ha empezado a organizar algunos conciertos de rap. Ellos han hecho suya esa visión, por lo que pintaron el salón de jóvenes con arte "tag", típico del barrio pandillero; para ello, invirtieron sus ahorros para lograr que el local se vea muy bien, o "súper", con un poderoso amplificador de sonido, un mezclador de música, break-dancing, hip-hop, y todo lo imaginable. Cuando fueron confrontados por su forma de evangelizar, los jóvenes dijeron: "Estamos usando nuestra libertad, con el propósito de traer al evangelio a todos los que sea posible, en la forma que Pablo lo hizo". ¿Qué piensa usted de ese argumento, a la luz de la Palabra? ¿En qué tienen razón y en qué están errados? ¿Cuestiona esta posición lo que dice la Palabra? ¿Hay algún peligro en lo que están haciendo?"

Permítanles ser miembros de la iglesia.

4 En una reciente discusión del grupo de ancianos de la iglesia, acerca de los requisitos de membresía, algunos argumentaron a favor de eliminar las normas estrictas de membresía, puesto que las reglas no afectan el comportamiento espiritual de los miembros. Según ellos, las personas vienen mayormente por la enseñanza sólida de la Biblia, la adoración íntima y la atmósfera espiritual de la iglesia. Solamente un 20% de los asistentes se presenta a las reuniones para aprobar el presupuesto anual y otros asuntos relacionados, lo que demuestra que no están interesados en asuntos administrativos. La otra parte de los ancianos proponen que tiene que haber una forma para distinguir a aquellos que son miembros de los que no lo son, y que las normas de *membresía* son la manera más fácil de hacerlo. ¿Qué posición tomaría usted? ¿Cómo relacionaría su posición con nuestro llamado a vivir en comunidad?

Reafirmación de la tesis de la lección

La Palabra que Llama nos dirige con eficacia hacia la salvación y la conversión; también nos llama a vivir como discípulos de Jesús, sujetos a su voluntad. Nos llama al discipulado, pidiéndonos que amemos a Jesús por sobre todas las cosas, siendo Él el Señor de todo. Nos pide aceptar nuestra nueva identidad en Cristo como extranjeros y peregrinos en este mundo, viviendo y representando a Jesús como ciudadanos del e.d.,de Dios. Nos invita amorosamente a vivir como siervos sacrificados para Su gloria, es decir, para glorificarle en todas las cosas, de acuerdo a la dirección de su Santo Espíritu. Esta Palabra también nos llama a vivir y trabajar en comunidad como miembros de Su gloriosa familia en medio de Su pueblo (*laos*). Como miembros de este pueblo, somos llamados a vivir en la libertad de Jesucristo, acatando el Gran Mandamiento y usándolo como medio para salvar a otros para la causa de Cristo. Finalmente, la misma Palabra que llama al discipulado, a la comunidad y a la libertad, también nos llama a una misión. Como representantes del e.d.,de Dios, somos llamados a cumplir la Gran Comisión; batallar contra nuestro enemigo espiritual, el Diablo, y mostrar la vida del Reino por medio de nuestro amor y buenas obras.

4

Recursos y bibliografía

Si está interesado en aprender más de lo que la Palabra de Dios enseña acerca del llamamiento al discipulado, la comunidad, la libertad y la misión, usted debería leer y analizar estos libros (algunos de estos títulos pueden estar disponibles en español, o revise nuestro portal en la red cibernética para recursos adicionales en español):

Phillips, Keith. *The Making of a Disciple*. Old Tappan, New Jersey: Revell, 1981.

Scott, Waldron. *Bring Forth Justice*. Grand Rapids: Eerdmans, 1980.

Snyder, Howard A. *Kingdom, Church, and World: Biblical Themes for Today.* Eugene, Oregon: Wipf and Stock publishers, 1985.

Al final de este módulo, usted será responsable de aplicar lo que adquirió del curso en una actividad ministerial específica que su mentor apruebe. Para comprender verdaderamente la importancia de la capacidad que la Palabra tiene para transformar, convertir, y llamar, debemos usar la Palabra de manera práctica, en el contexto ministerial. Debemos compartirla en un ámbito en el que otros puedan ser expuestos a los aspectos que usted ha ganado a través del proceso de estudios. Las múltiples lecciones aprendidas por medio de esta enseñanza son claras: piense por un momento en todas las maneras prácticas que esta enseñanza puede influenciar su vida devocional, su vida de oración, su respuesta a la iglesia, su actitud en el trabajo, etcétera. En todo esto, lo que realmente importa es que usted busque relacionar lo que acaba de aprender con su propia vida, trabajo y ministerio. El proyecto ministerial está diseñado para responder a esta inquietud. En los próximos días, usted tendrá la oportunidad de compartir sus propias aplicaciones en la vida real, y en su ministerio actual. Ore para que el Señor le ilumine su entendimiento y le muestre la forma de compartir estas aplicaciones en su proyecto.

Conexiones ministeriales

Esta lección final sobre el discipulado, la comunidad, la libertad y la misión, está llena de aplicaciones para su vida y ministerio. ¿Ha sentido o descubierto algún asunto, situación u oportunidad que necesiten ser entendidos a través de los principios aprendidos en esta lección? A lo largo de esta lección, ¿qué personas ha puesto Dios en su corazón pues necesitan de mucha oración? Tome el tiempo para meditar en esto, y busque el apoyo y consejo de los líderes de su iglesia para discernir lo que el Espíritu Santo le ha mostrado.

Consejería y oración

ASIGNATURAS

No hay tarea que entregar.

Versículos para memorizar

No hay tarea que entregar.

Lectura del texto asignado

Su proyecto ministerial y su proyecto exegético ya deberían estar bosquejados, determinados y aceptados por su instructor o mentor. Asegúrese de planificar con tiempo para no atrasarse con sus tareas.

Otras asignaturas o tareas

4

Anuncio del Examen Final

Usted podrá hacer su Examen Final en casa. Éste incluirá preguntas tomadas de las primeras tres pruebas, preguntas nuevas de esta lección y preguntas de ensayo que requerirán respuestas cortas sobre preguntas que abarcan todos los aspectos de mayor importancia. Como parte del Examen Final, usted también debe planear en recitar o escribir el versículo memorizado en el curso. Esto se hará en la clase. Traiga su examen terminado y entréguelo al instructor juntamente con su versículo memorizado. Asegúrese que su mentor obtenga su examen y mantenga una copia del mismo después de calificarlo.

Por favor tome nota: El resultado final de su módulo no puede ser determinado hasta que usted haya tomado el Examen Final, y haya entregado todas las tareas pendientes a su mentor (proyecto ministerial, proyecto exegético, y el Examen Final).

La última palabra sobre este módulo

No hay nada tan poderoso como la Palabra de Dios que convierte y llama; la Palabra de la salvación de Dios en Jesucristo. La Palabra es el instrumento que Dios usa para equipar ministerialmente al hombre o mujer de Dios, y si usted quiere ser usado(a) poderosamente por Dios, usted debe tomar seriamente la responsabilidad de convertirse en un estudiante de la Santa Escritura. Que Dios le dé la gracia que necesita para entregar totalmente su alma y corazón al manejo de la Palabra de Dios; de esta manera, tanto usted mismo como aquellos que lo escuchan, podrán sentir Su poder para crear, convencer, y llamar. Permitamos que Su Palabra sea la última palabra para nosotros en este módulo:

Proverbios 2.1-9 (LBLA)

[1] Hijo mío: si recibes mis palabras, y atesoras mis mandamientos dentro de ti

[2] da oído a la sabiduría, inclina tu corazón al entendimiento;

[3] porque si clamas a la inteligencia, y alzas tu voz al entendimiento,

[4] si la buscas como a plata, y la procuras como a tesoros escondidos,

[5] entonces entenderás el temor del SEÑOR, y descubrirás el conocimiento de Dios.

[6] Porque el SEÑOR da sabiduría, de su boca vienen el conocimiento y la inteligencia.

[7] El reserva la prosperidad para los rectos, es escudo para los que andan en integridad,

[8] guarda las sendas del juicio, y preserva el camino de sus santos.

[9] Entonces discernirás justicia y juicio, equidad y todo buen sendero.

Apéndices

APÉNDICE 1

El Credo Niceno

Creemos en un solo Dios, *(Dt. 6.4-5; Mc. 12.29; 1 Co. 8.6)*
　　Padre Todopoderoso, *(Gn. 17.1; Dn. 4.35; Mt. 6.9; Ef. 4.6; Ap. 1.8)*
　　Creador del cielo y de la tierra *(Gn. 1.1; Is. 40.28; Ap. 10.6)*
　　y de todas las cosas visibles e invisibles. *(Sal. 148; Ro. 11.36; Ap. 4.11)*

Creemos en un solo Señor Jesucristo, el Hijo unigénito de Dios,
　　concebido del Padre antes de todos los siglos:
　　Dios de Dios, Luz de Luz, Dios verdadero de Dios verdadero,
　　engendrado, no creado, de la misma esencia del Padre, *(Jn. 1.1-2; 3.18; 8.58; 14.9-10; 20.28;*
　　　　Col. 1.15, 17; Heb. 1.3-6)
　　por quien todo fue hecho. *(Jn. 1.3; Col. 1.16)*

Quien por nosotros los hombres, bajó del cielo para nuestra salvación
　　y por obra del Espíritu Santo, se encarnó en virgen María,
　　y se hizo hombre. *(Mt. 1.20-23; Jn. 1.14; 6.38; Lc. 19.10)*
　　Por nuestra causa, fue crucificado en tiempos de Poncio Pilato,
　　padeció y fue sepultado. *(Mt. 27.1-2; Mc. 15.24-39, 43-47; Hch. 13.29; Ro. 5.8; Heb. 2.10; 13.12)*
　　Resucitó al tercer día, según las Escrituras, *(Mc. 16.5-7; Lc. 24.6-8; Hch. 1.3; Ro. 6.9; 10.9; 2 Ti. 2.8)*
　　ascendió al cielo y está sentado a la derecha del Padre. *(Mc. 16.19; Ef. 1.19-20)*
　　Él vendrá de nuevo con gloria,
　　para juzgar a los vivos y a los muertos,
　　y su Reino no tendrá fin. *(Is. 9.7; Mt. 24.30; Jn. 5.22; Hch. 1.11; 17.31; Ro. 14.9; 2 Co. 5.10; 2 Ti. 4.1)*

Creemos en el Espíritu Santo, Señor y dador de vida,
　　(Gn. 1.1-2; Jb. 33.4; Sal. 104.30; 139.7-8; Lc. 4.18-19; Jn. 3.5-6; Hch. 1.1-2; 1 Co. 2.11; Ap. 3.22)
　　quien procede del Padre y del Hijo, *(Jn. 14.16-18, 26; 15.26; 20.22)*
　　y juntamente con el Padre y el Hijo,
　　recibe una misma adoración y gloria, *(Is. 6.3; Mt. 28.19; 2 Co. 13.14; Ap. 4.8)*
　　quien también habló por los profetas. *(Nm. 11.29; Miq. 3.8; Hch. 2.17-18; 2 Pe. 1.21)*

Creemos en la Iglesia santa, católica* y apostólica.
　　(Mt. 16.18; Ef. 5.25-28; 1 Co. 1.2; 10.17; 1 Ti. 3.15; Ap. 7.9)

Confesamos un sólo bautismo para el perdón de los pecados, *(Hch. 22.16; 1 Pe. 3.21; Ef. 4.4-5)*
　　y esperamos la resurrección de los muertos,
　　y la vida del siglo venidero. Amén. *(Is. 11.6-10; Miq. 4.1-7; Lc. 18.29-30; Ap. 21.1-5; 21.22-22.5)*

*El término "católica" se refiere a la universalidad de la Iglesia, a través de todos los tiempos y edades, de todas las lenguas y grupos de personas. Se refiere no a una tradición en particular o expresión denominacional (ej. como en la Católica Romana).

APÉNDICE 2

El Credo Niceno en métrica común

Adaptado por Don L. Davis ©2007. Todos los derechos reservados.

Dios el Padre gobierna, Creador de la tierra y los cielos.
¡Si, todas las cosas vistas y no vistas, por Él fueron hechas y dadas!

Nos adherimos a Jesucristo Señor, El único y solo Hijo de Dios
¡Unigénito, no creado, también, Él y nuestro Señor son uno!

Unigénito del Padre, el mismo, en esencia, Dios y Luz;
A través de Él todas las cosas fueron hechas por Dios, en Él fue dada la vida.

Quien es por todos, para salvación, bajó del cielo a la tierra,
Fue encarnado por el poder del Espíritu, y nace de la virgen María.

Quien por nosotros también, fue crucificado, por la mano de Poncio Pilato,
Sufrió, fue enterrado en la tumba, pero al tercer día resucitó otra vez.

De acuerdo al texto sagrado todo esto trató de decir.
Ascendió a los cielos, a la derecha de Dios, ahora sentado está en alto en gloria.

Vendrá de nuevo en gloria a juzgar a los vivos y a los muertos.
El gobierno de Su Reino no tendrá fin, porque reinará como Cabeza.

Adoramos a Dios, el Espíritu Santo, nuestro Señor, conocido como Dador de vida,
Con el Padre y el Hijo es glorificado, Quien por los profetas habló.

Y creemos en una Iglesia verdadera, el pueblo de Dios para todos los tiempos,
Universal en alcance, y edificada sobre la línea apostólica.

Reconociendo un bautismo, para perdón de nuestro pecado,
Esperamos por el día de la resurreción de los muertos que vivirán de nuevo.

Esperamos esos días sin fin, vida en la Era por venir,
¡Cuando el gran e.d.,de Cristo vendrá a la tierra, y la voluntad de Dios será hecha!

Esta canción es adaptada de El Credo Niceno, y preparada en métrica común (8.6.8.6), lo que significa que pueda ser cantada con la métrica de cantos tales como: Sublime gracia, Hay un precioso manantial, Al mundo paz.

A P É N D I C E 3

La historia de Dios: Nuestras Raíces Sagradas

Rev. Dr. Don L. Davis

El Señor Dios es la fuente, sostén y fin de todas las cosas en los cielos y en la tierra. Porque de él, y para él, son todas las cosas. A él sea la gloria por los siglos. Amén. Rom. 11.36.

	EL DRAMA DEL TRINO DIOS — La auto-revelación de Dios en la creación, Israel y Cristo			LA PARTICIPACIÓN DE LA IGLESIA EN EL DRAMA DE DIOS — La fidelidad al testimonio apostólico de Cristo y Su Reino			
El Alfa y el Omega	**Christus Victor**	**Ven Espíritu Santo**	**Tu Palabra es verdad**	**La Gran Confesión**	**Su vida en nosotros**	**Vivir en el camino**	**Renacidos para servir**
El fundamento objetivo: El amor soberano de Dios — Dios narra su obra de salvación en Cristo				La práctica subjetiva: Salvación por gracia mediante la fe — La respuesta de los redimidos por la obra salvadora de Dios en Cristo			
El Autor de la historia	*El Campeón de la historia*	*El Intérprete de la historia*	*El Testimonio de la historia*	*El Pueblo de la historia*	*La Re-creación de la historia*	*La Encarnación de la historia*	*La Continuación de la historia*
El Padre como *Director*	Jesús como *Actor principal*	El Espíritu como *Narrador*	Las Escrituras como *el guión*	Como santos confesores	Como ministros adoradores	Como seguidores peregrinos	Como testigos embajadores
Cosmovisión cristiana	*Identidad* común	*Experiencia* espiritual	*Autoridad* bíblica	*Teología* ortodoxa	*Adoración* sacerdotal	*Discipulado* congregacional	*Testigo* del Reino
Visión teísta y trinitaria	Fundamento Cristo-céntrico	Comunidad llena del Espíritu	Testimonio canónico apostólico	Afirmación del credo antiguo de fe	Reunión semanal de la Iglesia	Formación espiritual colectiva	Agentes activos del Reino de Dios
Soberana voluntad	Representación mesiánica	Consolador Divino	Testimonio inspirado	Repetición verdadera	Gozo sobresaliente	Residencia fiel	Esperanza irresistible
Creador — Verdadero hacedor del cosmos	Recapitulación — *Tipos* y cumplimiento del pacto	Dador de Vida — Regeneración y adopción	Inspiración Divina — La Palabra inspirada de Dios	La confesión de fe — Unión con Cristo	Canto y celebración — Recitación histórica	Supervisión pastoral — Pastoreo del rebaño	Unidad explícita — Amor para los santos
Dueño — Soberano de toda la creación	Revelador — Encarnación de la Palabra	Maestro — Iluminador de la verdad	Historia sagrada — Archivo histórico	Bautismo en Cristo — Comunión de los santos	Homilías y enseñanzas — Proclamación profética	Vida Espiritual — Viaje común a través de las disciplinas espirituales	Hospitalidad radical — Evidencia del reinado de Dios
Gobernador — Controlador bendito de todas las cosas	Redentor — Reconciliador de todas las cosas	Ayudador — Dotación y poder	Teología bíblica — Comentario divino	La regla de fe — El Credo Apostólico y El Credo Niceno	La Cena del Señor — Re-creación dramática	Encarnación — *Anamnesis y prolepsis* a través del año litúrgico	Generosidad excesiva — Buenas obras
Cumplidor del pacto — Fiel prometedor	Restaurador — Cristo el vencedor sobre los poderes del mal	Guía — Divina presencia y gloria de Dios	Alimento espiritual — Sustento para el viaje	El Canon Vicentino — Ubicuidad, antigüedad, universalidad	Presagio escatológico — El YA y EL TODAVÍA NO	Discipulado efectivo — Formación espiritual en la asamblea de creyentes	Testimonio Evangélico — Haciendo discípulos a todas las personas

APÉNDICE 4
La teología de Christus Victor
Un motivo bíblico para integrar y renovar a la iglesia urbana

Rev. Dr. Don L. Davis

	El Mesías prometido	El Verbo hecho carne	El Hijo del Hombre	El Siervo Sufriente	El Cordero de Dios	El Conquistador victorioso	El reinante Señor en los cielos	El Novio y el Rey que viene
Marco bíblico	La esperanza de Israel sobre el ungido de Jehová quien redimirá a su pueblo	En la persona de Jesús de Nazaret, el Señor ha venido al mundo	Como el rey prometido y el divino Hijo del Hombre, Jesús revela la gloria del Padre y la salvación al mundo	Como inaugurador del Reino, Jesús demuestra el reinado de Dios presente a través de sus palabras, maravillas y obras	Como Sumo Sacerdote y Cordero Pascual, Jesús se ofrece a Dios en nuestro lugar como un sacrificio por los pecados	En su resurrección y ascensión a la diestra del Padre, Jesús es proclamado como victorioso sobre el poder del pecado y la muerte	Mientras ahora reina a la diestra del Padre hasta que sus enemigos estén bajo sus pies, Jesús derrama sus beneficios sobre su Iglesia	Pronto el Señor resucitado y ascendido volverá para reunirse con su novia, la Iglesia, para consumar su obra
Referencias bíblicas	Is. 9.6-7 Jr. 23.5-6 Is. 11.1-10	Jn. 1.14-18 Mt. 1.20-23 Flp. 2.6-8	Mt. 2.1-11 Nm. 24.17 Lc. 1.78-79	Mc. 1.14-15 Mt. 12.25-30 Lc. 17.20-21	2 Cor. 5.18-21 Is. 52-53 Jn. 1.29	Ef. 1.16-23 Flp. 2.5-11 Col. 1.15-20	1 Cor. 15-25 Ef. 4.15-16 Hch. 2.32-36	Rom. 14.7-9 Ap. 5.9-13 1 Tes. 4.13-18
La historia de Jesús	El pre-encarnado, unigénito Hijo de Dios en gloria	Su concepción por el Espíritu y su nacimiento por María	Su manifestación a los sabios y al mundo	Sus enseñanzas, expulsión de demonios, milagros y obras portentuosas	Su sufrimiento, crucifixión, muerte y sepultura	Su resurrección, con apariciones a sus testigos y su ascensión al Padre	El envío del Espíritu Santo y sus dones, y Cristo en reunión celestial a la diestra del Padre	Su pronto regreso de los cielos a la tierra como Señor y Cristo: la Segunda Venida
Descripción	La promesa bíblica para la simiente de Abraham, el profeta como Moisés, el hijo de David	Dios ha venido a nosotros mediante la encarnación; Jesús revela a la humanidad la gloria del Padre en plenitud	En Jesús, Dios ha mostrado su salvación al mundo entero, incluyendo a los gentiles	En Jesús, el Reino de Dios prometido ha venido visiblemente a la tierra, la cual está atada al diablo, para anular la maldición	Como el perfecto cordero de Dios, Jesús se ofrece a Dios como una ofrenda por el pecado en nombre del mundo entero	En su resurrección y ascensión, Jesús destruyó la muerte, desarmó a Satanás y anuló la maldición	Jesús es colocado a la diestra del Padre como la Cabeza de la Iglesia, como el primogénito de entre los muertos y el supremo Señor en el cielo	Mientras trabajamos en su cosecha aquí en el mundo, esperamos el regreso de Cristo, el cumplimiento de su promesa
Calendario litúrgico	**Adviento** *La venida de Cristo*	**Navidad** *El nacimiento de Cristo*	**Después de epifanía** Bautismo y transfiguración *La manifestación de Cristo*	**Cuaresma** *El ministerio de Cristo*	**Semana santa** La pasión *El sufrimiento y la muerte de Cristo*	**La pascua** La pascua, el día de ascensión, pentecostés *La resurrección y ascensión de Cristo*	**Después de pentecostés** Domingo de la Trinidad *La reunión celestial de Cristo*	**Después de pentecostés** El día de todos los santos, el reinado de Cristo el Rey *El reinado de Cristo*
Formación espiritual	Mientras esperamos su regreso, proclamemos la esperanza de Cristo	Oh Verbo hecho carne, que cada corazón le prepare un espacio para morar	Divino Hijo del Hombre, muestra a las naciones tu salvación y gloria	En la persona de Cristo, el poder del reinado de Cristo ha venido a la tierra y a la Iglesia	Que los que compartan la muerte del Señor sean resucitados con Él	Participemos por fe en la victoria de Cristo sobre el poder del pecado, Satanás y la muerte	Ven Espíritu Santo, mora en nosotros y facúltanos para avanzar el Reino de Cristo en el mundo	Vivimos y trabajamos en espera de su pronto regreso, buscando agradarle en todas las cosas

APÉNDICE 5

Christus Victor

Una visión integrada para la vida y el testimonio cristiana

Rev. Dr. Don L. Davis

Para la Iglesia

- La Iglesia es la extensión principal de Jesús en el mundo
- Tesoro redimido del victorioso Cristo resucitado
- *Laos*: El pueblo de Dios
- La nueva creación de Dios: la presencia del futuro
- Lugar y agente del Reino de el ya y el todavía no

Para la teología y la doctrina

- La palabra autoritativa de Cristo: la tradición apostólica: las santas Escrituras
- La Teología como comentario sobre la gran narrativa de Dios
- *Christus Victor* como el marco teológico para el sentido en la vida
- El Credo Niceno: la historia de la triunfante gracia de Dios

Para la vida espiritual

- La presencia y el poder del Espíritu Santo en medio del pueblo de Dios
- Participar en las disciplinas del Espíritu
- Reuniones, leccionario, liturgia y la observancia del año litúrgico
- Vivir la vida del Cristo resucitado en nuestra vida

Christus Victor

Destructor del mal y la muerte
Restaurador de la creación
Vencedor del hades y del pecado
Aplastador de Satanás

Para los dones

- La gracia de Dios se dota y beneficia del *Christus Victor*
- Oficios pastorales para la Iglesia
- El Espíritu Santo da soberanamente los dones
- Administración: diferentes dones para el bien común

Para la adoración

- Pueblo de la resurrección: celebración sin fin del pueblo de Dios
- Recordar y participar del evento de Cristo en nuestra adoración
- Escuchar y responder a la palabra
- Transformados en la Cena del Señor
- La presencia del Padre a través del Hijo en el Espíritu

Para la evangelización y las misiones

- La evangelización como la declaración y la demostración del *Christus Victor* al mundo
- El evangelio como la promesa del Reino
- Proclamamos que el Reino de Dios viene en la persona de Jesús de Nazaret
- La Gran Comisión: ir a todas las personas haciendo discípulos de Cristo y su Reino
- Proclamando a Cristo como Señor y Mesías

Para la justicia y la compasión

- Las expresiones amables y generosas de Jesús a través de la Iglesia
- La Iglesia muestra la vida misma del Reino
- La Iglesia demuestra la vida misma del Reino de los cielos aquí y ahora
- Habiendo recibido de gracia, damos de gracia (sin sentido de mérito u orgullo)
- La justicia como evidencia tangible del Reino venidero

A P É N D I C E   6

El Antiguo Testamento testifica de Cristo y Su Reino

Rev. Dr. Don L. Davis

Cristo es visto en el AT:	Promesa y cumplimiento del pacto	Ley moral	Cristofanías	Tipología	Tabernáculo, festival y sacerdocio Levítico	Profecía mesiánica	Promesas de salvación
Pasaje	Gn. 12.1-3	Mt. 5.17-18	Juan 1.18	1 Co. 15.45	Heb. 8.1-6	Mi. 5.2	Is. 9.6-7
Ejemplo	La simiente prometida del pacto Abrahámico	La ley dada en el Monte Sinaí	Comandante del ejército del Señor	Jonás y el gran pez	Melquisedec, como Sumo Sacerdote y Rey	El Siervo Sufriente del Señor	El linaje Justo de David
Cristo como	La simiente de la mujer	El Profeta de Dios	La actual revelación de Dios	El antitipo del drama de Dios	Nuestro eterno Sumo Sacerdote	El Hijo de Dios que vendrá	El Redentor y Rey de Israel
Ilustrado en	Gálatas	Mateo	Juan	Mateo	Hebreos	Lucas y Hechos	Juan y Apocalipsis
Propósito exegético: ve a Cristo	Como el centro del drama sagrado divino	Como el cumplimiento de la Ley	Como quien revela a Dios	Como antitipo de tipos divinos	En el *cultus* de Templo	Como el verdadero Mesías	Como el Rey que viene
Cómo es visto en el NT	Como cumplimiento del juramento de Dios	Como *telos* de la ley	Como la revelación completa, final y superior	Como sustancia detrás de la historia	Como la realidad detrás de las normas y funciones	Como el Reino que está presente	Como el que gobernará sobre el trono de David
Nuestra respuesta en adoración	Veracidad y fidelidad de Dios	La justicia perfecta de Dios	La presencia de Dios entre nosotros	La escritura Inspirada de Dios	La ontología de Dios: su Reino como lo principal y determinante	El siervo ungido y mediador de Dios	La respuesta divina para restaurar la autoridad de Su Reino
Cómo es vindicado Dios	Dios no miente: Él cumple su palabra	Jesús cumple toda justicia	La plenitud de Dios se nos revela en Jesús de Nazaret	El Espíritu habló por los profetas	El Señor ha provisto un mediador para la humanidad	Cada jota y tilde escrita de Él se cumplirá	El mal será aplastado y la creación será restaurada bajo Su Reino

APÉNDICE 7

Resumen del bosquejo de las Escrituras

Rev. Dr. Don L. Davis

1. GÉNESIS - El Principio
   a. Adán
   b. Noé
   c. Abraham
   d. Isaac
   e. Jacob
   f. José

2. ÉXODO - Redención
   a. Esclavitud
   b. Libertad
   c. Ley
   d. Tabernáculo

3. LEVÍTICO - Adoración y compañerismo
   A. Ofrendas, sacrificios
   b. Sacerdotes
   c. Fiestas, festivales

4. NÚMEROS - Servicio y recorrido
   a. Organizados
   b. Errantes

5. DEUTERONOMIO - Obediencia
   a. Moisés repasa la historia y la ley
   b. Leyes civiles y sociales
   c. Pacto palestino
   d. Bendiciones, muerte de Moisés

6. JOSUÉ - Redención (hacia)
   a. Conquistar la tierra
   b. Repartir la tierra
   c. La despedida de Josué

7. JUECES - La liberación de Dios
   a. Desobediencia y juicio
   b. Los doce jueces de Israel
   c. Desobedientes a la ley

8. RUT - Amor
   a. Rut escoge
   b. Rut trabaja
   c. Rut espera
   d. Rut recompensada

9. 1 SAMUEL - Reyes, perspectiva sacerdotal
   a. Elí
   b. Samuel
   c. Saúl
   d. David

10. 2 SAMUEL - David
    a. Rey de Judá (7½ años - Hebrón)
    b. Rey de todo Israel (33 años - Jerusalén)

11. 1 REYES - La gloria de Salomón, la decadencia del reino
    a. Gloria de Salomón
    b. Decadencia del reino
    c. El profeta Elías

12. 2 REYES- El reino dividido
    a. Eliseo
    b. Israel (el reino del norte cae)
    c. Judá (el reino del sur cae)

13. 1 CRÓNICAS - Templo de David
    a. Genealogías
    b. Fin del reino de Saúl
    c. Reino de David
    d. Preparaciones del templo

14. 2 CRÓNICAS - Abandonan el templo y la adoración
    A. Salomón
    B. Reyes de Judá

15. ESDRAS - La minoría (remanente)
    a. Primer retorno del exilio - Zorobabel
    b. Segundo retorno del exilio - Esdras (sacerdote)

16. NEHEMÍAS - Reconstruyendo la fe
    a. Reconstruyen los muros
    b. Avivamiento
    c. Reforma religiosa

17. ESTER - Salvación femenina
    a. Ester
    b. Amán
    c. Mardoqueo
    d. Liberación: Fiesta de Purim

18. JOB - Por qué los rectos sufren
    a. Job el piadoso
    b. Ataque de Satanás
    c. Cuatro amigos filósofos
    d. Dios vive

19. SALMOS - Oración y adoración
    a. Oraciones de David
    b. Sufrimiento piadoso, liberación
    c. Dios trata con Israel
    d. Sufrimiento del pueblo termina con el reinado de Dios
    e. La Palabra de Dios (los sufrimientos y glorioso regreso del Mesías)

20. PROVERBIOS - Sabiduría
    a. Sabiduría y necedad
    b. Salomón
    c. Salomón y Ezequías
    d. Agur
    e. Lemuel

21. ECLESIASTÉS - Vanidad
    a. Experimentación
    b. Observación
    C. Consideración
    e. Lemuel

22. CANTARES - Historia de amor

23. ISAÍAS - La justicia y gracia de Dios
    a. Profecías de castigos
    b. Historia
    c. Profecías de bendiciones

24. JEREMÍAS - El pecado de Judá los lleva a la cautividad babilónica
    a. Jeremías es llamado y facultado
    b. Judá es enjuiciado; cautividad babilónica
    c. Promesa de restauración
    d. Profetiza el juicio infligido
    e. Profetiza contra los gentiles
    f. Resume la cautividad de Judá

25. LAMENTACIONES - Lamento sobre Jerusalén
    a. Aflicción de Jerusalén
    b. Destruida por el pecado
    c. El sufrimiento del profeta
    d. Desolación presente y esplendor pasado
    e. Apelación a Dios por piedad

26. EZEQUIEL - Cautividad y restauración de Israel
    a. Juicio sobre Judá y Jerusalén
    b. Juicio a las naciones gentiles
    c. Israel restaurado; gloria futura de Jerusalén

27. DANIEL - El tiempo de los gentiles
    a. Historia; Nabucodonosor, Beltsasar, Daniel
    b. Profecía

28. OSEAS - Infidelidad
    a. Infidelidad
    b. Castigo
    c. Restauración

29. JOEL - El Día del Señor
    a. Plaga de langostas
    b. Eventos del futuro Día del Señor
    c. Orden del futuro Día del Señor

30. AMÓS - Dios juzga el pecado
    a. Naciones vecinas juzgadas
    b. Israel juzgado
    c. Visiones del futuro juicio
    d. Bendiciones de los juicios pasados sobre Israel

31. ABDÍAS - Destrucción de Edom
    a. Destrucción profetizada
    b. Razones de destrucción

Continuación 31. ABDÍAS
    c. Bendición futura de Israel
    d. Bendiciones de los juicios pasados sobre Israel

32. JONÁS - Salvación a los gentiles
    a. Jonás desobedece
    b. Otros sufren las consecuencias
    c. Jonás castigado
    d. Jonás obedece; miles son salvos
    e. Jonás enojado, sin amor por las almas

33. MIQUEAS - Pecados, juicio y restauración de Israel
    a. Pecado y juicio
    B. Gracia y futura restauración
    c. Apelación y petición

34. NAHÚM - Nínive enjuiciada
    a. Dios detesta el pecado
    b. Juicio de Nínive profetizado
    c. Razones del juicio y destrucción

35. HABACUC - El justo por la fe vivirá
    a. Queja por el pecado tolerado de Judá
    b. Los caldeos los castigarán
    c. Queja contra la maldad de los caldeos
    d. El castigo prometido
    e. Oración por avivamiento; fe en Dios

36. SOFONÍAS - Invasión babilónica, prototipo del Día del Señor
    a. Juicio sobre Judá predice el Gran Día del Señor
    b. Juicio sobre Jerusalén y pueblos vecinos predice el juicio final de las naciones
    c. Israel restaurado después de los juicios

37. HAGEO - Reconstruyen el templo
    a. Negligencia
    b. Valor
    c. Separación
    d. Juicio

38. ZACARÍAS - Las dos venidas de Cristo
    a. Visión de Zacarías
    b. Betel pregunta, Jehová responde
    c. Caída y salvación

39. MALAQUÍAS - Negligencia
    a. Pecados del sacerdote
    b. Pecados del pueblo
    c. Los pocos fieles

Resumen del bosquejo de las Escrituras (continuación)

1. MATEO - Jesús el Rey
   a. La Persona del Rey
   b. La preparación del Rey
   c. La propaganda del Rey
   d. El programa del Rey
   e. La pasión del Rey
   f. El poder del Rey

2. MARCOS - Jesús el Siervo
   a. Juan introduce al Siervo
   b. Dios Padre identifica al Siervo
   c. La tentación, inicio del Siervo
   d. Obra y palabra del Siervo
   e. Muerte, sepultura, resurrección

3. LUCAS - Jesucristo el perfecto Hombre
   a. Nacimiento y familia del Hombre perfecto
   b. El Hombre perfecto probado; su pueblo de nacimiento
   c. Ministerio del Hombre perfecto
   d. Traición, juicio, y muerte del Hombre perfecto
   e. Resurrección del Hombre perfecto

4. JUAN - Jesucristo es Dios
   a. Prólogo - la encarnación
   b. Introducción
   c. Testimonio de Jesús a sus apóstoles
   d. Pasión - testimonio al mundo
   e. Epílogo

5. HECHOS - El Espíritu Santo obrando en la Iglesia
   a. El Señor Jesús obrando por el Espíritu Santo a través de los apóstoles en Jerusalén
   b. En Judea y Samaria
   c. Hasta los confines de la tierra

6. ROMANOS - La Justificación de Dios
   a. Saludos
   b. Pecado y salvación
   c. Santificación
   d. Lucha
   e. Vida llena del Espíritu Santo
   f. Seguridad de la salvación
   g. Apartarse
   h. Sacrificio y servicio
   i. Separación y despedida

7. 1 CORINTIOS - El Señorío de Cristo
   a. Saludos y agradecimiento
   b. Estado moral de los corintios
   c. Concerniente al evangelio
   d. Concerniente a las ofrendas

8. 2 CORINTIOS - El Ministerio en la Iglesia
   a. El consuelo de Dios
   b. Ofrenda para los pobres
   c. Llamamiento del apóstol Pablo

9. GÁLATAS - Justificación por la fe
   a. Introducción
   b. Lo personal - autoridad del apóstol y gloria del evangelio
   c. Lo doctrinal - justificación por la fe
   d. Lo práctico - santificación mediante el Espíritu Santo
   e. Conclusión autografiada y exhortación

10. EFESIOS - La Iglesia de Jesucristo
    a. Lo doctrinal - el llamado celestial a la Iglesia
       Un cuerpo
       Un templo
       Un misterio
    b. Lo práctico - la conducta terrenal de la Iglesia
       Un nuevo hombre
       Una novia
       Un ejército

11. FILIPENSES - Gozo de la vida cristiana
    a. Filosofía de la vida cristiana
    b. Pautas para la vida cristiana
    c. Premios para la vida cristiana
    d. Poder para la vida cristiana

12. COLOSENSES - Cristo la plenitud de Dios
    a. Lo doctrinal - En Cristo los creyentes están completos
    b. Lo práctico - La vida de Cristo derramada sobre los creyentes, y a través de ellos

13. 1 TESALONICENSES - La segunda venida de Cristo:
    a. Es una esperanza inspiradora
    b. Es una esperanza operadora
    c. Es una esperanza purificadora
    d. Es una esperanza alentadora
    e. Es una esperanza estimulante y resplandeciente

14. 2 TESALONICENSES - La segunda venida de Cristo
    a. Persecución de los creyentes ahora; el juicio futuro de los impíos (en la venida de Cristo)
    b. Programa del mundo en conexión con la venida de Cristo
    c. Asuntos prácticos asociados con la venida de Cristo

15. 1 TIMOTEO - Gobierno y orden en la iglesia local
    a. La fe de la iglesia
    b. Oración pública y el lugar de las mujeres en la iglesia
    c. Oficiales en la iglesia
    d. Apostasía en la iglesia
    e. Responsabilidades de los oficiales en la iglesia

16. 2 TIMOTEO - Lealtad en los días de apostasía
    a. Aflicciones por el evangelio
    b. Activos en servicio
    c. Apostasía venidera; autoridad de las Escrituras
    d. Alianza al Señor

17. TITO - La iglesia ideal del Nuevo Testamento
    a. La Iglesia es una organización
    b. La Iglesia debe enseñar y predicar la Palabra de Dios
    c. La Iglesia debe hacer buenas obras

18. FILEMÓN - Revelar el amor de Cristo y enseñar el amor fraternal
    a. Saludo afable a Filemón y su familia
    b. Buena reputación de Filemón
    c. Ruego humilde por Onésimo
    d. Ilustración inocente de imputación
    E. Peticiones generales

19. HEBREOS - Superioridad de Cristo
    a. Lo doctrinal - Cristo mejor que el A.T.
    b. Lo práctico - Cristo trae mejores beneficios

20. SANTIAGO - Ética del cristianismo
    a. Fe probada
    b. Control de la lengua
    c. Sobre la mundanalidad
    d. De la venida del Señor

21. 1 PEDRO - Esperanza cristiana en tiempo de persecución y prueba
    a. Sufrimiento y seguridad
    B. Sufrimiento y la Biblia
    c. Sufrimiento de Cristo
    d. Sufrimiento y la segunda venida de Cristo

22. 2 PEDRO - Advertencia contra los falsos maestros
    a. Crecimiento en la gracia cristiana da seguridad
    b. Autoridad de la Biblia
    c. Apostasía
    d. Actitud hacia el retorno de Cristo
    e. Agenda de Dios en el mundo
    f. Advertencia a los creyentes

23. 1 JUAN - La familia de Dios
    a. Dios es luz
    b. Dios es amor
    c. Dios es vida

24. 2 JUAN - Advertencia a no recibir engañadores
    a. Caminar en la verdad
    b. Amarse unos a otros
    c. No recibir engañadores
    d. Gozo en la comunión

25. 3 JUAN - Amonestación a recibir a los verdaderos creyentes
    a. Gayo, hermano en la iglesia
    b. Oposición de Diótrefes
    c. Buen testimonio de Demetrio

26. JUDAS - Contendiendo por la Fe
    a. Ocasión de la epístola
    b. Acontecimientos de apostasía
    c. Ocupación de los creyentes en los días de la apostasía

27. APOCALIPSIS - La revelación del Cristo glorificado
    a. Cristo en gloria
    b. Posesión de Jesucristo - la Iglesia en el mundo
    c. Programa de Jesucristo - la escena en el cielo
    d. Los siete sellos
    e. Las siete trompetas
    f. Personas importantes en los últimos días
    g. Las siete copas
    h. La caída de Babilonia
    i. El estado eterno

APÉNDICE 8
Desde antes hasta después del tiempo:
El plan de Dios y la historia humana
Adaptado de Suzanne de Dietrich. **God's Unfolding Purpose.** *Philadelphia: Westminster Press, 1976.*

I. Antes del tiempo (La eternidad pasada) 1 Co. 2.7

    A. El eterno Dios trino

    B. El propósito eterno de Dios

    C. El misterio de la iniquidad

    D. Los principados y potestades

II. El inicio del tiempo (La creación y caída) Gn. 1.1

    A. La Palabra creativa

    B. La humanidad

    C. La Caída

    D. El reinado de la muerte y primera señales de la gracia

III. El despliegue de los tiempos (El plan de Dios revelado a través de Israel) Gál. 3.8

    A. La promesa (patriarcas)

    B. El ÉXODO y el pacto del Sinaí

    C. La Tierra prometida

    D. La ciudad, el templo, y el trono (profeta, sacerdote, y rey)

    E. El exilio

    F. El remanente

IV. La plenitud del tiempo (La encarnación del Mesías) Gál. 4.4-5

    A. El Rey viene a su Reino

    B. La realidad presente de su reino

    C. El secreto del Reino: Ya está aquí, pero todavía no

    D. El Rey crucificado

    E. El Señor resucitado

V. Los últimos tiempos (El derramamiento del Espíritu Santo) Hch. 2.16-18

    A. En medio de los tiempos: La Iglesia como el anticipo del Reino

    B. La Iglesia como el agente del Reino

    C. El conflicto entre el Reino de luz y el reino de las tinieblas

VI. El cumplimiento de los tiempos (El retorno de Cristo) Mt. 13.40-43

    A. La Segunda Venida de Cristo

    B. El juicio

    C. La consumación de su Reino

VII. Después del tiempo (La eternidad futura) 1 Co. 15.24-28

    A. El Reino traspasado a Dios el Padre

    B. Dios como el todo en todo

Desde antes hasta después del tiempo
Bosquejo de las Escrituras sobre los puntos más importantes

I. Antes del tiempo (La eternidad pasada)

1 Co. 2.7 - Mas hablamos sabiduría de Dios en misterio, la sabiduría oculta, *la cual Dios predestinó antes de los siglos* para nuestra gloria (compárese con Tito 1.2).

II. El inicio del tiempo (La creación y caída)

Gn. 1.1 - *En el principio*, Dios creó los cielos y la tierra.

III. El despliegue de los tiempos (El plan de Dios revelado a través de Israel)

Gál. 3.8 - Y la Escritura, previendo que Dios había de justificar por la fe a los gentiles, *dio de antemano la buena nueva a Abraham*, diciendo: En ti serán benditas todas las naciones (compárese con Ro. 9.4-5).

IV. La plenitud del tiempo (La encarnación del Mesías)

Gál. 4.4-5 - *Pero cuando vino el cumplimiento del tiempo*, Dios envió a su Hijo, nacido de mujer y nacido bajo la ley, para que redimiese a los que estaban bajo la ley, a fin de que recibiésemos la adopción de hijos.

V. Los últimos tiempos (El derramamiento del Espíritu Santo)

Hch. 2.16-18 - Mas esto es lo dicho por el profeta Joel: *Y en los postreros días*, dice Dios, derramaré de mi Espíritu sobre toda carne, y vuestros hijos y vuestras hijas profetizarán; vuestros jóvenes verán visiones, y vuestros ancianos soñarán sueños; y de cierto sobre mis siervos y sobre mis siervas en aquellos días derramaré de mi Espíritu, y profetizarán.

VI. El cumplimiento de los tiempos (La Segunda Venida de Cristo)

Mt. 13.40-43 - De manera que como se arranca la cizaña, y se quema en el fuego, *así será en el fin de este siglo*. Enviará el Hijo del Hombre a sus ángeles, y recogerán de su Reino a todos los que sirven de tropiezo, y a los que hacen iniquidad, y los echarán en el horno de fuego; allí será el lloro y el crujir de dientes. Entonces los justos resplandecerán como el sol en el reino de su Padre. El que tiene oídos para oír, oiga.

VII. Después del tiempo (La eternidad futura)

1 Co. 15.24-28 - Luego el fin, cuando entregue el reino al Dios y Padre, cuando haya suprimido todo dominio, toda autoridad y potencia. Porque preciso es que él reine hasta que haya puesto a todos sus enemigos debajo de sus pies. Y el postrer enemigo que será destruido es la muerte. Porque todas las cosas las sujetó debajo de sus pies. Y cuando dice que todas las cosas han sido sujetadas a él, claramente se exceptúa aquel que sujetó a él todas las cosas. Pero luego que todas las cosas le estén sujetas, entonces también el Hijo mismo se sujetará al que le sujetó a él todas las cosas, para que Dios sea todo en todos.

APÉNDICE 9
"Hay un río"

Identificando las corrientes del auténtico re-avivamiento de la comunidad cristiana en la ciudad[1]

Rev. Dr. Don L. Davis • Salmo 46.4 - Del río sus corrientes alegran la ciudad de Dios, el santuario de las moradas del Altísimo.

Contribuyentes de la historia auténtica de la fe bíblica			
Identidad bíblica reafirmada	*Espiritualidad urbana reavivada*	*Legado histórico restaurado*	*Ministerio del Reino re-enfocado*
La Iglesia es una	La Iglesia es santa	La Iglesia es católica (universal)	La Iglesia es apostólica
Un llamado a la fidelidad bíblica *reconociendo las Escrituras como la raíz y el cimiento de la visión cristiana*	Un llamado a vivir como peregrinos y extranjeros como pueblo de Dios *definiendo el discipulado cristiano auténtico como la membresía fiel entre el pueblo de Dios*	Un llamado a nuestras raíces históricas y a la comunidad *confesando la histórica identidad común y la continuidad de la auténtica fe cristiana*	Un llamado a afirmar y expresar la comunión global de los santos *expresando cooperación local y colaboración global con otros creyentes*
Un llamado a una identidad mesiánica del Reino *re-descubriendo la historia del Mesías prometido y su e.d., en Jesús de Nazaret*	Un llamado a la libertad, poder y plenitud del Espíritu Santo *caminando en santidad, poder, dones, y libertad del Espíritu Santo en el cuerpo de Cristo*	Un llamado a una afinidad de credo *teniendo El Credo Niceno como la regla de fe de la ortodoxia histórica*	Un llamado a la hospitalidad radical y las buenas obras *demostrando la ética del e.d., con obras de servicio, amor y justicia*
Un llamado a la fe de los apóstoles *afirmando la tradición apostólica como la base autoritaria de la esperanza cristiana*	Un llamado a una vitalidad litúrgica, sacramental y doctrinal *experimentando la presencia de Dios en el contexto de la adoración, ordenanzas y enseñanza*	Un llamado a la autoridad eclesiástica *sometiéndonos a los dotados siervos de Dios en la Iglesia como co-pastores con Cristo en la fe verdadera*	Un llamado al testimonio profético y completo *proclamando a Cristo y su Reino en palabra y hechos a nuestros vecinos y toda gente*

[1] *Este esquema es una adaptación y está basado en la introspección de la declaración El Llamado a Chicago en mayo de 1977, donde varios líderes académicos evangélicos y pastores se reunieron para discutir la relación entre la iglesia evangélica moderna y la fe del cristianismo histórico.*

A P É N D I C E   1 0

Esquema para una teología del Reino y la Iglesia

Instituto Ministerial Urbano

El reinado del único, verdadero, soberano, y trino Dios, el SEÑOR Dios, YHWH (Jehová), Dios Padre, Hijo y Espíritu Santo

El Padre	El Hijo	El Espíritu
Amor - 1 Juan 4.8	Fe - Heb. 12.2	Esperanza - Rom. 15.13
	Profeta, Sacerdote, y Rey	Señor de la Iglesia

Creación
Todo lo que existe a través de la acción creadora de Dios.

Reino
El reino de Dios expresado en el gobierno del Mesías, su Hijo Jesús.

Iglesia
La comunidad santa y apostólica que sirve como testigo (Hech. 28.31) y anticipo (Col. 1.12; Sant. 1.18; 1 Ped. 2.9; Apoc. 1.6) del reino de Dios.

El eterno Dios, soberano en poder, infinito en sabiduría, perfecto en santidad y amor incondicional, es la fuente y fin de todas las cosas.

Libertad (Esclavitud)
Jesús les respondió: De cierto, de cierto os digo, que todo aquel que hace pecado, esclavo es del pecado. Y el esclavo no queda en la casa para siempre; el hijo sí queda para siempre. Así que, si el Hijo os libertare, seréis verdaderamente libres. - Juan 8.34-36

La Iglesia es una comunidad apostólica donde la Palabra es predicada correctamente, por consiguiente es una comunidad de:

Llamado - Estad, pues, firmes en la libertad con que Cristo nos hizo libres, y no estéis otra vez sujetos al yugo de esclavitud. - Gál. 5.1 (comparar con Rom. 8.28-30; 1 Cor. 1.26-31; Ef. 1.18; 2 Tes. 2.13-14; Jud. 1.1)

Fe - «Porque si no creéis que yo soy, en vuestros pecados moriréis». . . . Dijo entonces Jesús a los judíos que habían creído en él: Si vosotros permaneciereis en mi palabra, seréis verdaderamente mis discípulos; y conoceréis la verdad, y la verdad os hará libres. - Juan 8.24b, 31-32 (comparar con Sal. 119.45; Rom. 1.17; 5.1-2; Ef. 2.8-9; 2 Tim. 1.13-14; Hech. 2.14-15; Sant. 1.25)

Testimonio - El Espíritu del Señor está sobre mí, por cuanto me ha ungido para dar buenas nuevas a los pobres; me ha enviado a sanar a los quebrantados de corazón; a pregonar libertad a los cautivos, y vista a los ciegos; a poner en libertad a los oprimidos; a predicar el año agradable del Señor. - Luc. 4.18-19 (Ver Lev. 25.10; Prov. 31.8; Mat. 4.17; 28.18-20; Mar. 13.10; Hech. 1.8; 8.4, 12; 13.1-3; 25.20; 28.30-31)

Rom. 8.18-21 →

¡Oh profundidad de las riquezas de la sabiduría y de la ciencia de Dios! ¡Cuán insondables son sus juicios, e inescrutables sus caminos! Porque ¿quién entendió la mente del Señor? ¿O quién fue su consejero? ¿O quién le dio a él primero, para que le fuese recompensado? Porque de él, y por él, y para él, son todas las cosas. A él sea la gloria por los siglos. Amén. - Rom. 11.33-36 (comparar con 1 Cor. 15.23-28.)

Entereza (física y emocional) (Enfermedad)
Mas él herido fue por nuestras rebeliones, molido por nuestros pecados; el castigo de nuestra paz fue sobre él, y por su llaga fuimos nosotros curados. - Isa. 53.5

La Iglesia es una comunidad donde las ordenanzas son administradas correctamente, por lo tanto es una comunidad de:

Adoración - Mas a Jehová vuestro Dios serviréis, y él bendecirá tu pan y tus aguas; y yo quitaré toda enfermedad de en medio de ti. - Ex. 23.25 (comparar con Sal. 147.1-3; Hech. 12.28; Col. 3.16; Apoc. 15.3-4; 19.5)

Pacto - Y nos atestigua lo mismo el Espíritu Santo; porque después de haber dicho: Este es el pacto que haré con ellos después de aquellos días, dice el Señor: Pondré mis leyes en sus corazones, y en sus mentes las escribiré, añade: Y nunca más me acordaré de sus pecados y transgresiones. - Hech. 10.15-17 (comparar con Isa. 54.10-17; Ezeq. 34.25-31; 37.26-27; Mal. 2.4-5; Luc. 22.20; 2 Cor. 3.6; Col. 3.15; Heb. 8.7-13; 12.22-24; 13.20-21)

Presencia - En quien vosotros también sois juntamente edificados para morada de Dios en el Espíritu. - Ef. 2.22 (comparar con Ex. 40.34-38; Ezeq. 48.35; Mat. 18.18-20)

Apoc. 21.1-5 →

Justicia (Egoísmo)
He aquí mi siervo, a quien he escogido; mi Amado, en quien se agrada mi alma; pondré mi Espíritu sobre él, y a los gentiles anunciará juicio. No contenderá, ni voceará, ni nadie oirá en las calles su voz. La caña cascada no quebrará, y el pábilo que humea no apagará, hasta que saque a victoria el juicio. - Mat. 12.18-20

La Iglesia es una comunidad santa donde la disciplina es aplicada, por lo tanto es una comunidad de:

Reconciliación - Porque él es nuestra paz, que de ambos pueblos hizo uno, derribando la pared intermedia de separación, aboliendo en su carne las enemistades, la ley de los mandamientos expresados en ordenanzas, para crear en sí mismo de los dos un solo y nuevo hombre, haciendo la paz, y mediante la cruz reconciliar con Dios a ambos en un solo cuerpo, matando en ella las enemistades. Y vino y anunció las buenas nuevas de paz a vosotros que estabais lejos, y a los que estaban cerca; porque por medio de él los unos y los otros tenemos entrada por un mismo Espíritu al Padre. - Ef. 2.14-18 (comparar con Ex. 23.4-9; Lev. 19.34; Deut. 10.18-19; Ezeq. 22.29; Miq. 6.8; 2 Cor. 5.16-21)

Padecimientos - Puesto que Cristo ha padecido por nosotros en la carne, vosotros también armaos del mismo pensamiento; pues quien ha padecido en la carne, terminó con el pecado, para no vivir el tiempo que resta en la carne, conforme a las concupiscencias de los hombres, sino conforme a la voluntad de Dios. - 1 Ped. 4.1-2 (comparar con Luc. 6.22; 10.3; Rom. 8.17; 2 Tim. 2.3; 3.12; 1 Ped. 2.20-24; Heb. 5.8; 13.11-14)

Servicio - Entonces Jesús, llamándolos, dijo: Sabéis que los gobernantes de las naciones se enseñorean de ellas, y los que son grandes ejercen sobre ellas potestad. Mas entre vosotros no será así, sino que el que quiera hacerse grande entre vosotros será vuestro servidor, y el que quiera ser el primero entre vosotros será vuestro siervo. - Mat. 20.25-27 (comparar con 1 Juan 4.16-18; Gál. 2.10)

Isa. 11.6-9 →

Morará el lobo con el cordero, y el leopardo con el cabrito se acostará; el becerro y el león y la bestia doméstica andarán juntos, y un niño los pastoreará. La vaca y la osa pacerán, sus crías se echarán juntas; y el león como el buey comerá paja. Y el niño de pecho jugará sobre la cueva del áspid, y el recién destetado extenderá su mano sobre la caverna de la víbora. No harán mal ni dañarán en todo mi santo monte; porque la tierra será llena del conocimiento de Jehová, como las aguas cubren el mar.

APÉNDICE 11

Viviendo en el Reino del YA y EL TODAVÍA NO

Rev. Dr. Don L. Davis

El Espíritu: La promesa de la herencia **(arrabón)**
La Iglesia: El anticipo **(aparqué)** del Reino
"En Cristo": La vida rica **(en Cristós)** que compartimos como ciudadanos del Reino

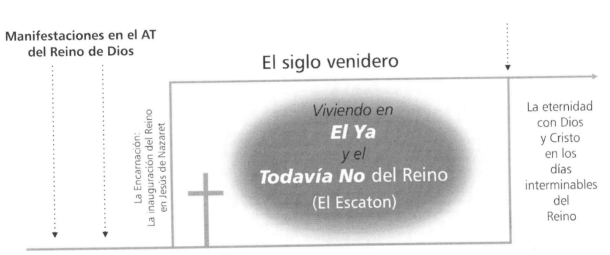

Enemigo interno: La carne (*sarx*) y la naturaleza del pecado
Enemigo externo: El mundo (*kósmos*), los sistemas de avaricia, lujuria, y el orgullo
Enemigo infernal: El diablo (*kakós*), el espíritu incitador de la mentira y el miedo

Interpretación Judía del tiempo

La venida del Mesías
La restauración de Israel
El fin de la opresión gentil
El retorno de la tierra a la gloria edénica
Conocimiento universal del Señor

A P É N D I C E 1 2
Jesús de Nazaret: La presencia del futuro
Rev. Dr. Don L. Davis

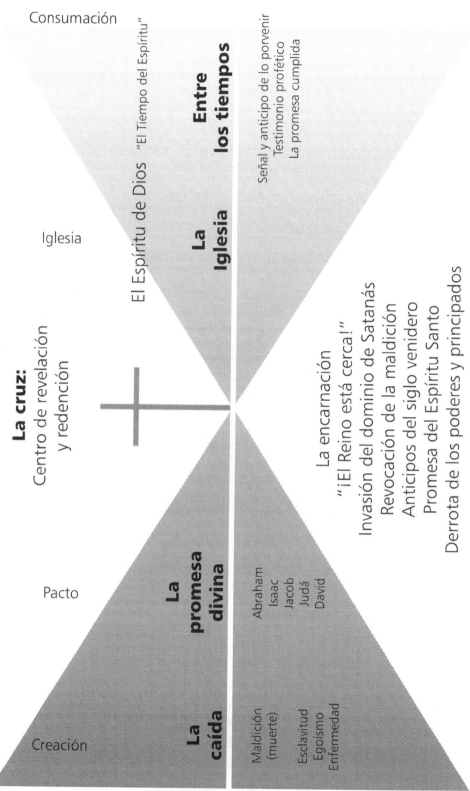

Glorificación: Cielos nuevos y tierra nueva

Consumación

Iglesia

Entre los tiempos

La Iglesia

El Espíritu de Dios "El Tiempo del Espíritu"

Señal y anticipo de lo porvenir
Testimonio profético
La promesa cumplida

La cruz:
Centro de revelación y redención

La encarnación
"¡El Reino está cerca!"
Invasión del dominio de Satanás
Revocación de la maldición
Anticipos del siglo venidero
Promesa del Espíritu Santo
Derrota de los poderes y principados

Pacto

La promesa divina

Abraham
Isaac
Jacob
Judá
David

Creación

La caída

Maldición (muerte)

Esclavitud
Egoísmo
Enfermedad

Creación: El reinado del Todopoderoso Dios

A P É N D I C E   1 3

Tradiciones

(Gr. Paradosis)

Dr. Don L. Davis y Rev. Terry G. Cornett

Definición de la concordancia de Strong

Paradosis. Transmisión de un precepto; específicamente, la ley tradicional judía. Se refiere a una ordenanza o tradición.

Explicación del diccionario Vine

Denota "una tradición", y he allí, por atributo específico de palabras, (a) "las enseñanzas de los rabinos", . . . (b) "enseñanza apostólica", . . . de instrucciones concernientes a la asamblea de creyentes, de doctrina cristiana en general . . . de instrucciones concernientes a la conducta diaria.

1. **El concepto de la tradición en la Escritura es esencialmente positivo.**

   Jer. 6.16 (LBLA) - Así dice el SEÑOR: Paraos en los caminos y mirad, y preguntad por los senderos antiguos cuál es el buen camino, y andad por él; y hallaréis descanso para vuestras almas. Pero dijeron: "No andaremos en él" (compare con Ex. 3.15; Je. 2.17; 1 Re. 8.57-58; Sal. 78.1-6).

   2 Cr. 35.25 - Y Jeremías endechó en memoria de Josías. Todos los cantores y cantoras recitan esas lamentaciones sobre Josías hasta hoy; y las tomaron por norma para endechar en Israel, las cuales están escritas en el libro de Lamentaciones (compare con Gn. 32.32; Jer. 11.38-40).

   Jer. 35.14-19 (LBLA) - Las palabras de Jonadab, hijo de Recab, que mandó a sus hijos de no beber vino, son guardadas. Por eso no beben vino hasta hoy, porque han obedecido el mandato de su padre. Pero yo os he hablado repetidas veces, con todo no me habéis escuchado. También os he enviado a todos mis siervos los profetas, enviándolos repetidas veces, a deciros: "Volveos ahora cada uno de vuestro mal camino, enmendad vuestras obras y no vayáis tras otros dioses para adorarlos, y habitaréis en la tierra que os he dado, a vosotros y a vuestros padres; pero no inclinasteis vuestro oído, ni me escuchasteis. Ciertamente los hijos de Jonadab, hijo de Recab, han guardado el mandato que su padre les ordenó, pero este pueblo no me ha escuchado". Por tanto así dice el SEÑOR, Dios de los

Tradiciones (continuación)

ejércitos, el Dios de Israel: "He aquí, traigo sobre Judá y sobre todos los habitantes de Jerusalén toda la calamidad que he pronunciado contra ellos, porque les hablé, pero no escucharon, y los llamé, pero no respondieron". Entonces Jeremías dijo a la casa de los recabitas: Así dice el SEÑOR de los ejércitos, el Dios de Israel: "Por cuanto habéis obedecido el mandato de vuestro padre Jonadab, guardando todos sus mandatos y haciendo conforme a todo lo que él os ordenó, por tanto, así dice el SEÑOR de los ejércitos, el Dios de Israel: 'A Jonadab, hijo de Recab, no le faltará hombre que esté delante de mí todos los días'".

2. La tradición santa es maravillosa; pero no toda tradición es santa.

Cualquier tradición debe ser juzgada individualmente por su fidelidad a la Palabra de Dios y su eficacia en ayudarnos a mantener la obediencia al ejemplo de Cristo y sus enseñanzas.[1] En los Evangelios, Jesús frecuentemente reprendía a los fariseos por establecer tradiciones que anulaban, en lugar de afirmar, los mandamientos de Dios.

Mc. 7.8 - Porque dejando el mandamiento de Dios, os aferráis a la tradición de los hombres. (Compare con Mt. 15.2-6; Mc. 7.13).

Col. 2.8 - Mirad que nadie os engañe por medio de filosofías y huecas sutilezas, según las tradiciones de los hombres, conforme a los rudimentos del mundo, y no según Cristo.

3. Sin la plenitud del Espíritu Santo y la constante edificación, provista a nosotros por la Palabra de Dios, la tradición inevitablemente nos llevará al formalismo muerto.

Todos los que somos espirituales, de igual manera, debemos ser llenos del Espíritu Santo: Del poder y guía del único que provee a toda congregación e individuo un sentido de libertad y vitalidad en todo lo que practicamos y creemos. Sin embargo, cuando las prácticas y enseñanzas de una tradición dejan de ser inyectadas por el poder del Espíritu Santo y la Palabra de Dios, la tradición pierde su efectividad; y podría llegar a ser contraproducente a nuestro discipulado en Jesucristo.

Ef. 5.18 - No os embriaguéis con vino, en lo cual hay disolución; antes bien sed llenos del Espíritu.

[1]*"Todo Protestante insiste que estas tradiciones tienen que ser siempre probadas por las Escrituras y que nunca pueden poseer una autoridad apostólica independiente sobre o a la par de la Escritura" (J. Van Engen, Tradition,* **Evangelical Dictionary of Theology,** *Walter Elwell, Gen. ed.). Nosotros añadimos que la Escritura es la misma "tradición autoritativa" por la que todas las demás tradiciones son evaluadas. Ver la 4ª pág. de este apéndice: "Apéndice A, Los fundadores de la tradición: Tres niveles de autoridad cristiana".*

Tradiciones (continuación)

Gál. 5.22-25 - Mas el fruto del Espíritu es amor, gozo, paz, paciencia, benignidad, bondad, fe, mansedumbre, templanza; contra tales cosas no hay ley. Pero los que son de Cristo han crucificado la carne con sus pasiones y deseos. Si vivimos por el Espíritu, andemos también por el Espíritu.

2 Co. 3.5-6 (NVI) - No es que nos consideremos competentes en nosotros mismos. Nuestra capacidad viene de Dios. Él nos ha capacitado para ser servidores de un nuevo pacto, no el de la letra sino el del Espíritu; porque la letra mata, pero el Espíritu da vida.

4. Fidelidad a la tradición apostólica (enseñando y modelando) es la esencia de la madurez cristiana.

2 Ti. 2.2 - Lo que has oído de mí ante muchos testigos, esto encarga a hombres fieles que sean idóneos para enseñar también a otros.

1 Co. 11.1-2 (LBLA) - Sed imitadores de mí, como también yo lo soy de Cristo. Os alabo porque en todo os acordáis de mí y guardáis las tradiciones con firmeza, tal como yo os las entregué. (Compare con 1 Co. 4.16-17, 2 Ti. 1.13-14, 2 Te. 3.7-9, Flp. 4.9).

1 Co. 15.3-8 (LBLA) - Porque yo os entregué en primer lugar lo mismo que recibí: que Cristo murió por nuestros pecados, conforme a las Escrituras; que fue sepultado y que resucitó al tercer día, conforme a las Escrituras; que se apareció a Cefas y después a los doce; luego se apareció a más de quinientos hermanos a la vez, la mayoría de los cuales viven aún, pero algunos ya duermen; después se apareció a Jacobo, luego a todos los apóstoles, y al último de todos, como a uno nacido fuera de tiempo, se me apareció también a mí.

5. El apóstol Pablo a menudo incluye una apelación a la tradición como apoyo de las prácticas doctrinales.

1 Co. 11.16 - Con todo eso, si alguno quiere ser contencioso, nosotros no tenemos tal costumbre, ni las iglesias de Dios (compare con 1 Co. 1.2, 7.17, 15.3).

Tradiciones (continuación)

1 Co. 14.33-34 (LBLA) - Porque Dios no es Dios de confusión, sino de paz, como en todas las iglesias de los santos. Las mujeres guarden silencio en las iglesias, porque no les es permitido hablar, antes bien, que se sujeten como dice también la ley.

6. Cuando una congregación usa la tradición recibida para mantenerse fiel a la "Palabra de Dios", ellos son felicitados por los apóstoles.

1 Co. 11.2 (LBLA) - Os alabo porque en todo os acordáis de mí y guardáis las tradiciones con firmeza, tal como yo os las entregué.

2 Ts. 2.15 - Así que, hermanos, estad firmes, y retened la doctrina que habéis aprendido, sea por palabra, o por carta nuestra.

2 Ts. 3.6 (BLS) - Hermanos míos, con la autoridad que nuestro Señor Jesucristo nos da, les ordenamos que se alejen de cualquier miembro de la iglesia que no quiera trabajar ni viva de acuerdo con la enseñanza que les dimos.

Apéndice A

Los fundadores de la tradición: Tres niveles de autoridad cristiana

Ex. 3.15 - Además dijo Dios a Moisés: Así dirás a los hijos de Israel: Jehová, el Dios de vuestros padres, el Dios de Abraham, Dios de Isaac y Dios de Jacob, me ha enviado a vosotros. Este es mi nombre para siempre; con él se me recordará por todos los siglos.

1. La tradición Autoritativa: Los apóstoles y los profetas (las Santas Escrituras)

Ef. 2.19-21 - *Así que ya no sois extranjeros ni advenedizos, sino conciudadanos de los santos, y miembros de la familia de Dios, edificados sobre el fundamento de los apóstoles y profetas, siendo la principal piedra del ángulo Jesucristo mismo, en quien todo el edificio, bien coordinado, va creciendo para ser un templo santo en el Señor.*

~ El Apóstol Pablo

Jehová: Se relaciona con el verbo «hayah», que significa «ser». Su pronunciaci n suena similar a la forma verbal de Ex. 3.14, donde se traduce como «Yo soy». Jehov es la transcripci n de las consonantes hebreas de YHWH. En inglés, se está usando la forma poética YAHWEH. Algunas traducciones hispanas han adoptado «Yavéh», otras usan SEÑOR. Los jud os remplazan YHWH con Adonai ya que la consideran muy santa para ser emitida.

Tradiciones (continuación)

El testimonio ocular de la revelación y hechos salvadores de Jehová, primero en Israel, y últimamente en Jesucristo el Mesías, une a toda persona, en todo tiempo, y en todo lugar. Es la tradición autoritativa por la que toda tradición posterior es juzgada.

2. La Gran Tradición: Los concilios colectivos y sus credos[2]

Lo que ha sido creído en todo lugar, siempre y por todos.

~ Vicente de Lérins

"La Gran Tradición" es la doctrina central (el dogma) de la Iglesia. Representa la enseñanza de la Iglesia, tal como la ha entendido la Tradición Autoritativa (las Sagradas Escrituras), y resume aquellas verdades esenciales que los cristianos de todos los siglos han confesado y creído. La Iglesia (Católica, Ortodoxa, y Protestante)[3] se une a estas proclamaciones doctrinales. La adoración y teología de la Iglesia, reflejan este dogma central, el cual encuentra su conclusión y cumplimiento en la persona y obra del Señor Jesucristo. Desde los primeros siglos, los cristianos hemos expresado esta devoción a Dios en el calendario de la Iglesia; un patrón anual de adoración que resume y da un nuevo reconocimiento a los eventos en la vida de Cristo.

3. En tradiciones eclesiásticas específicas: Los fundadores de denominaciones y órdenes religiosas

La Iglesia Presbiteriana (U.S.A.) tiene aproximadamente 2.5 millones de miembros, 11,200 congregaciones y 21,000 ministros ordenados. Los presbiterianos trazan su historia desde el siglo 16 y la Reforma Protestante. Nuestra herencia, y mucho de lo que creemos, se inició con el Abogado francés Juan Calvino (1509-1564), quien cristalizó en sus escritos mucho del pensamiento reformado que se había iniciado antes de él.

~ La Iglesia Presbiteriana, U.S.A.

Los cristianos han expresado su fe en Jesucristo, a través de movimientos y tradiciones que elijen y expresan la Tradición Autoritativa y la Gran Tradición de manera única. Por ejemplo, los movimientos católicos han desarrollado a personajes

[2] *Ver más adelante el Apéndice B: "Definiendo la Gran Tradición".*

[3] *Aun los Protestantes más radicales de la reformación (los Anabautistas) quienes fueron los más renuentes en abrazar los credos, como instrumentos dogmáticos de fe, no estuvieron en desacuerdo con el contenido esencial que se hallaban en estos. "Ellos estrecharon el Credo Apostólico–lo llamaban 'La Fe,' **Der Glaube**, tal como lo hizo la mayoría de gente". Lea John Howard Yoder, **Preface to Theology: Christology and Theological Method**. Grand Rapids: Brazos Press, 2002. Pág. 222-223.*

Tradiciones (continuación)

como Benedicto, Francisco, o Dominico; y entre los protestantes, personajes como Martín Lutero, Juan Calvino, Ulrich Zwingli, y Juan Wesley. Algunas mujeres han fundado movimientos vitales de la fe cristiana (por ejemplo, Aimee Semple McPherson de la Iglesia Cuadrangular); también algunas minorías (por ejemplo, Richard Allen de la Iglesia Metodista Episcopal; o Carlos H. Masón de la Iglesia de Dios en Cristo, quien ayudó al crecimiento de las Asambleas de Dios); todos ellos intentaron expresar la Tradición Autoritativa y la Gran Tradición de manera consistente, de acuerdo a su tiempo y expresión.

La aparición de movimientos vitales y dinámicos de fe, en diferentes épocas, entre diferentes personas, revela la nueva obra del Espíritu Santo a través de la historia. Por esta razón, dentro del catolicismo se han levantado nuevas comunidades como los Benedictinos, Franciscanos, y Dominicanos; y fuera del catolicismo, han nacido denominaciones nuevas (Luteranos, Presbiterianos, Metodistas, Iglesia de Dios en Cristo, etc.). Cada una de estas tradiciones específicas tiene "fundadores", líderes claves, de quienes su energía y visión ayudan a establecer expresiones y prácticas de la fe cristiana. Por supuesto, para ser legítimos, estos movimientos tiene que agregarse fielmente a la Tradición Autoritativa y a la Gran Tradición, y expresar su significado. Los miembros de estas tradiciones específicas, abrazan sus propias prácticas y patrones de espiritualidad; pero estas características, no necesariamente dirigen a la Iglesia en su totalidad. Ellas representan las expresiones singulares del entendimiento de esa comunidad, a la fidelidad de la Autoritativa y Gran Tradición.

Ciertas tradiciones buscan expresar y vivir fielmente la Autoritativa y Gran Tradición a través de su adoración, enseñanza, y servicio. Buscan comunicar el evangelio claramente, en nuevas culturas y sub-culturas, hablando y modelando la esperanza de Cristo en medio de situaciones nacidas de sus propias preguntas, a la luz de sus propias circunstancias. Estos movimientos, por lo tanto, buscan contextualizar la Tradición Autoritativa, de manera que lleven fiel y efectivamente a nuevos grupos de personas a la fe en Jesucristo; de esta manera, incorporan a los creyentes a la comunidad de fe, la cual obedece sus enseñanzas y da testimonio de Dios a otros.

Tradiciones (continuación)

Apéndice B

Definiendo la "Gran Tradición"

La Gran Tradición (algunas veces llamada "Tradición Clásica Cristiana") es definida por Robert E. Webber de la siguiente manera:

[Es] el bosquejo amplio de las creencias y prácticas cristianas desarrolladas a través de las Escrituras, entre el tiempo de Cristo y mediados del siglo quinto.

~ Webber. **The Majestic Tapestry**.
Nashville: Thomas Nelson Publishers, 1986. Pág. 10.

Esta tradición es afirmada ampliamente por teólogos protestantes clásicos y modernos.

Por esta razón, los concilios de Nicea,[4] Constantinopla,[5] el primero de Efeso,[6] Calcedonia,[7] y similares (los cuales fueron sostenidos para refutar errores), nosotros voluntariamente los adoptamos, y reverenciamos como sagrados, en cuanto a su relación a doctrinas de fe, porque lo único que contienen es interpretación pura y genuina de la Escritura, la cual, los Padres de la fe, con prudencia espiritual, adoptaron para destrozar a los enemigos de la religión [pura] que se habían levantado en esos tiempos.

~ Juan Calvino. **Institutes**. IV, ix. 8.

. . . la mayoría de lo valioso que ha prevalecido en la exégesis bíblica contemporánea, fue descubierto antes de terminarse el siglo quinto.

~ Thomas C. Oden. **The Word of Life**.
San Francisco: HarperSanFrancisco, 1989. Pág. xi

Los primeros cuatro Concilios son los más importantes, pues establecieron la fe ortodoxa sobre la trinidad y la encarnación de Cristo.

~ Philip Schaff. **The Creeds of Christendom**. Vol. 1.
Grand Rapids: Baker Book House, 1996. Pág. 44.

·4 Nicea, antigua ciudad de Asia Menor, frente al lago Ascanius, la actual Iznik. Fue sede del primer concilio colectivo (año 325).

5 Constantinopla, capital del imperio bizantino (actual Estambul) donde Teodosio I reunió el segundo concilio en mayo, 381 para finalizar y confirmar El Credo Niceno.

6 Efeso, en el oeste de Asia Menor, donde se convocó el tercer concilio ecuménico en el año 431.

7 Calcedonia, antigua ciudad de Asia Menor (Bitinia) donde en el año 451 se celebró el cuarto concilio.

Nuestra referencia a los concilios ecuménicos y credos, por lo tanto, se enfoca en esos cuatro Concilios, los cuales retienen un amplio acuerdo de la Iglesia Católica, Ortodoxa, y Protestante. Mientras que los Católicos y Ortodoxos comparten un acuerdo común de los primeros siete concilios, los Protestantes usamos las afirmaciones solamente de los primeros cuatro; por esta razón, los concilios adoptados por toda la Iglesia fueron completados con el Concilio de Calcedonia en el año 451 D.C.

Tradiciones (continuación)

Vale notar que cada uno de estos concilios ecuménicos, tomaron lugar en un contexto cultural pre-europeo y ni uno sólo se llevó a cabo en Europa. Fueron concilios de la iglesia en su totalidad, y reflejan una época cuando el cristianismo era practicado mayormente y geográficamente por los del Este. Catalogados en esta era moderna, los participantes fueron africanos, asiáticos y europeos. Estos concilios reflejaron una iglesia que ". . . tenía raíces culturales muy distintas de las europeas y precedieron al desarrollo de la identidad europea moderna, y [de tales raíces] algunos de sus genios más ilustres han sido africanos". (Oden, *The Living God*, San Francisco: Harper San Francisco, 1987, pág. 9).

Quizás el más importante logro de los concilios, fue la creación de lo que es comúnmente conocido como El Credo Niceno. Sirve como una declaración sinóptica de la fe cristiana acordada por católicos, ortodoxos y cristianos protestantes.

Los primeros cuatro concilios ecuménicos, están recapitulados en el siguiente diagrama:

Nombre/Fecha/Localidad	Propósito	
Primer Concilio Ecuménico 325 D.C. Nicea, Asia Menor	Defendiendo en contra de:	*El Arrianismo*
	Pregunta contestada:	*¿Jesús era Dios?*
	Acción:	*La forma inicial del Credo Niceno fue desarrollada, y consecuentemente, sirvió cómo resumen de la fe cristiana.*
Segundo Concilio Ecuménico 381 D.C. Constantinopla, Asia Menor	Defendiendo en contra de:	*El Macedonianismo*
	Pregunta contestada:	*¿Es el Espíritu Santo una parte personal e igual a la Deidad?*
	Acción:	*El Credo Niceno fue finalizado, al ampliarse el artículo que trata con el Espíritu Santo.*
Tercer Concilio Ecuménico 431 D.C. Éfeso, Asia Menor	Defendiendo en contra de:	*El Nestorianismo*
	Pregunta contestada:	*¿Es Jesucristo tanto Dios como hombre en una misma persona?*
	Acción:	*Definió a Cristo como la Palabra de Dios encarnada, y afirmó a su madre María como* **theotokos** *(portadora de Dios).*
Cuarto Concilio Ecuménico 451 D.C. Calcedonia, Asia Menor	Defendiendo en contra de:	*El Monofísismo*
	Pregunta contestada:	*¿Cómo puede Jesús ser a la vez, Dios y hombre?*
	Acción:	*Explicó la relación entre las dos naturalezas de Jesús (humano y Divino).*

APÉNDICE 14
Desde la ignorancia hasta el testimonio creíble
Rev. Dr. Don L. Davis

Testimonio - Habilidad para testificar y enseñar 2. Ti. 2.2 Mt. 28.18-20 1 Juan 1.1-4 Pr. 20.6 2 Co. 5.18-21 *Lo que has oído de mí ante muchos testigos, esto encarga a hombres fieles que sean idóneos para enseñar también a otros. - 2 Ti. 2.2*	**8**
Estilo de vida - Apropiación consistente y práctica habitual, basadas en valores propios Heb. 5.11-6.2 Ef. 4.11-16 2 Pe. 3.18 1 Ti. 4.7-10 *Y Jesús crecía en sabiduría y en estatura, y en gracia para con Dios y los hombres. - Lc. 2.52*	**7**
Demostración - Expresar convicción en conducta, palabras y acciones correspondientes Stg. 2.14-26 2 Co. 4.13 2 Pe. 1.5-9 1 Ts. 1.3-10 *Mas en tu palabra echaré la red. - Lc. 5.5*	**6**
Convicción - Comprometerse a pensar, hablar y actuar a la luz de la información Heb. 2.3-4 Heb. 11.1, 6 Heb. 3.15-19 Heb. 4.2-6 *¿Crees esto? - Jn. 11.26*	**5**
Discernimiento - Comprender el significado e implicación de la información Jn. 16.13 Ef. 1.15-18 Col. 1.9-10 Is. 6.10; 29.10 *Pero ¿entiendes lo que lees? - Hch. 8.30*	**4**
Conocimiento - Tener habilidad creciente para recordar y recitar información 2 Ti. 3.16-17 1 Co. 2.9-16 1 Jn. 2.20-27 Jn. 14.26 *Porque ¿qué dice la Escritura? - Ro. 4.3*	**3**
Interés - Responder a ideas o información con curiosidad, sensibilidad y franqueza Sal. 42.1-2 Hch. 9.4-5 Jn. 12.21 1 Sm. 3.4-10 *Ya te oiremos acerca de esto otra vez. - Hch. 17.32*	**2**
Conciencia - Ser expuesto de forma general a ideas e información Mc. 7.6-8 Hch. 19.1-7 Jn. 5.39-40 Mt. 7.21-23 *En aquel tiempo Herodes el tetrarca oyó la fama de Jesús. - Mt. 14.1*	**1**
Ignorancia - Comportarse con ingenuidad Ef. 4.17-19 Sal. 2.1-3 Ro. 1.21; 2.19 1 Jn. 2.11 *¿Quién es el SEÑOR para que yo escuche su voz y deje ir a Israel? - Ex. 5.2 (LBLA)*	**0**

APÉNDICE 15

La búsqueda del peregrino

Rev. Don L. Davis

Viajando como peregrinos, buscando al Gran Rey
Compartiendo el mismo corazón, la misma esperanza, la misma grey

Hombro con hombro caminando, cada carga paciente llevando
Con gran cuidado y amor, con convicción y fervor

En amistad con Cristo, en Él nuestra gloria y corona ha sido hallada
Que en Él solamente nuestro vida gozosa sea forjada

Para ver con nuevos ojos el valor de cada ser viviente
Acariciando al menor como el de más valor en esta tierra doliente
Con tanto anhelo, hasta nuestra alabanza fluir
Y que por nuestra dulce unidad, Su belleza emitir

Sí, esta es la meta, nuestra gloria, nuestro fin
Que Cristo sea visto en la tierra otra vez
Que Su gloria y Reino lo demos a conocer poderosamente
Que más de Su imagen por nosotros se demuestre ardientemente
Por amor a nuestros amigos, nuestra vida ofrendamos
Que su fruto al florecer, su gracia compartamos

Que al compartir nuestra luz comúnmente, nuestra luz brille más
Un corazón a la vez, que el mundo sea atraído a Su faz
Y que cada vasija sencilla, humilde, o quebrantada
Pueda saborear las misericordias del Señor, sea sanada y libertada

Consideramos como basura todo dulce placer de este mundo
Proseguimos hacia la meta del tesoro verdadero del Reino

Le invitamos a unirse a nosotros, en este viaje alegre y de celebración gloriosa
Viajando con nosotros como invitado a Su coronación esplendorosa
Dando todo lo que somos y lo que tenemos a una cosa:
Para cenar pronto en el banquete ante Cristo, el humilde y Gran Rey.

El perfil de un discípulo de Jesús en el siglo 21
Rev. Dr. Don L. Davis

1. **Goza de una comunión íntima con el Señor. (Juan 10.1-6; 15.12-14).**

   a. Está incondicionalmente disponible para Cristo, como su Señor (lleno del Espíritu Santo).

   b. Anhela llegar a ser más y más como Cristo, en visión, carácter y servicio.

   c. Mantiene una vida devocional sólida de adoración personal, meditación y oración.

   d. Tiene una forma de vida en alabanza, adoración y celebración.

   e. Conserva su confianza en la guía y provisión de Dios a través de Cristo.

   f. Glorifica a Dios en el templo de su cuerpo, en su mente y en su espíritu.

2. **Mantiene una postura de fe arraigada en una visión bíblica de Cristo y su Reino. (Juan 8.31-32).**

   a. Busca comprender el contexto, los temas, la historia y los principios de las Santas Escrituras.

   b. Mantiene una posición Cristo-céntrica, que le permite ver la vida desde el punto de vista de Dios.

   c. Se afinca sólidamente sobre los fundamentos de la fe; es diestro(a) en compartirlos y reproducirlos.

   d. Posee una habilidad progresiva para escuchar, leer, estudiar, memorizar y meditar en la Palabra verdadera.

   e. Competencia creciente para pelear por la fe contra toda oposición.

3. **Despliega un comportamiento con ferviente dedicación, manifestado en su hogar, en su trabajo y en su comunidad. (Juan 17.14-23).**

   a. Camina evidenciando al Señor en su carácter y conducta.

El Perfil de un discípulo de Jesús en el siglo 21 (continuación)

    b.   Cumple con sacrificio varias funciones, como un miembro compasivo de la iglesia y la familia.

    c.   Representa a Cristo en excelencia, servicio, respeto y determinación en su empleo.

    d.   Mantiene una reputación genuina de caridad con sus amigos, vecinos y comunidad.

4. Retiene su fiel *membresía* en el Cuerpo, expresada en la participación activa de una iglesia local de creyentes. (Juan 13.34-35).

    a.   Ha sido bautizado(a) en la fe, cimentada en su confesión de fe en Jesucristo.

    b.   Participa activamente en la adoración corporal y celebración del Cuerpo en alabanza, adoración y la Cena del Señor.

    c.   Se reúne regularmente con otros miembros del Cuerpo, para edificar la Iglesia a través del compañerismo, oración, servicio y celebración.

    d.   Usa sus dones en el ministerio para servir con otros miembros del Cuerpo.

    e.   Se comunica regularmente en una forma edificante con el Cuerpo.

5. Implementa una estrategia convincente para hacer discípulos de Jesús en su ciudad y fuera de ella (Juan 20.21).

    a.   Ora consistentemente y fervientemente, que el Señor envíe obreros a la cosecha donde Cristo aun no es conocido, adorado, y glorificado.

    b.   Da generosamente de su tiempo y recursos, para aumentar la evangelización y propagar las misiones, como Dios dirija.

    c.   Busca oportunidades para compartir su testimonio personal con las demás personas a fin de ganar a otros para Cristo.

    d.   Invierte tiempo, estableciendo al nuevo convertido en la fe e incorporándolo a la iglesia.

    e.   Le pide oportunidades al Espíritu para discipular cristianos fieles que puedan llegar a ser obreros con el/ella.

APÉNDICE 17

Teorías de la inspiración

Rev. Terry G. Cornett

Teoría de la inspiración	Explicación	Posible(s) objeción(es)
Mecánica o dictada	El autor humano es un instrumento pasivo en las manos de Dios. El autor simplemente escribe cada palabra que Dios le habla. Este dictado es el que protege el texto de errores humanos.	Los libros de la Escritura muestran diversos estilos de escritura, vocabularios, y expresiones, las cuales varían con cada autor humano. Esta teoría no parece explicar porqué Dios usa autores humanos en vez de darnos su Palabra directamente.
Intuición o natural	Personas excepcionalmente dotadas con perspicacia espiritual fueron escogidas por Dios para escribir la Biblia.	La Biblia indica que la Escritura vino de Dios, por medio de autores humanos (2 Pe. 1.20-21).
Iluminación	El Espíritu Santo elevó las capacidades normales de los autores humanos, a fin de que ellos tuvieran un discernimiento especial sobre la verdad espiritual.	Las Escrituras indican que los autores humanos expresaron las mismas palabras de Dios ("así dice el Señor", Is. 7.7; Ezeq. 14.6; Ro. 14.11).
Grados de inspiración	Ciertas partes de la Biblia son más inspiradas que otras. Algunas veces esta posición es usada para argumentar que las porciones que tratan con doctrinas importantes o verdades éticas son inspiradas, mientras que las porciones que tratan con asuntos históricos, económicos, culturales, etc., son menos inspiradas o sin inspiración.	Los autores bíblicos nunca indicaron que hay pasajes más inspirados, ni tampoco usaron ningún material bíblico como más inspirado. Jesús habla de la revelación escrituraria en su totalidad, hasta el día de hoy, como la Palabra inmutable de Dios (Mt. 5.17-18; Jn. 3.34-35).
Verbal-plena	Tanto elementos divinos y humanos están presentes en la producción de la Escritura. El texto entero de la Escritura, incluyendo las palabras, son un producto de la mente de Dios expresado en condiciones y términos humanos por medio de autores humanos a quienes conoció de antemano (Jer. 1.5) y escogió para esa tarea.	Parece improbable que los elementos humanos, finitos y culturalmente limitados, pudieran ser descritos como las invariables palabras de Dios.

El sufrimiento: El costo del discipulado y el liderazgo de servicio

Don L. Davis

Ser un discípulo es cargar con el estigma y reproche de Aquel que lo llamó a su servicio (2 Ti. 3.12). Prácticamente, esto podría significar perder las comodidades, conveniencias, y hasta la vida misma (Jn. 12.24-25).

Todos los apóstoles de Cristo sufrieron insultos, represiones, latigazos y rechazos por los enemigos del Maestro. Cada uno de ellos selló su doctrina con su sangre en el exilio, la tortura y el martirio. A continuación presentaremos una lista del destino doloroso de los apóstoles de acuerdo a los recuentos tradicionales.

- Mateo sufrió el martirio siendo decapitado por la espada en una ciudad distante de Etiopía.

- Marcos murió en Alejandría (Egipto) después de ser cruelmente arrastrado en medio de las calles de tal ciudad.

- Lucas fue colgado de un árbol de olivo en la tierra clásica de Grecia.

- Juan fue puesto en una olla enorme que hervía con aceite, no obstante escapó de la muerte milagrosamente, y luego fue enviado a la Isla de Patmos, donde vivió sus últimos días.

- Pedro fue crucificado de cabeza en Roma.

- Santiago, el Grande, fue decapitado en Jerusalén.

- Santiago, el Pequeño, fue arrojado desde el pináculo del templo, y luego azotado con bastones hasta la muerte.

- Bartolomé fue despellejado vivo.

- Andrés fue amarrado a una cruz, de donde predicó a sus perseguidores hasta morir.

- Tomás fue traspasado con una lanza en Coromandel en las Indias Orientales.

- Judas fue muerto a flechazos.

- Matías fue apedreado y luego decapitado.

- Bernabé de los gentiles fue apedreado en hasta morir Salónica.

- Pablo, después de varias torturas y persecuciones, por último fue decapitado en Roma por el emperador Nerón.

APÉNDICE 19

Aferrándonos firmemente a la Escritura

*De Leroy Eims, **The Lost Art of Disciple Making**, Pág. 81*

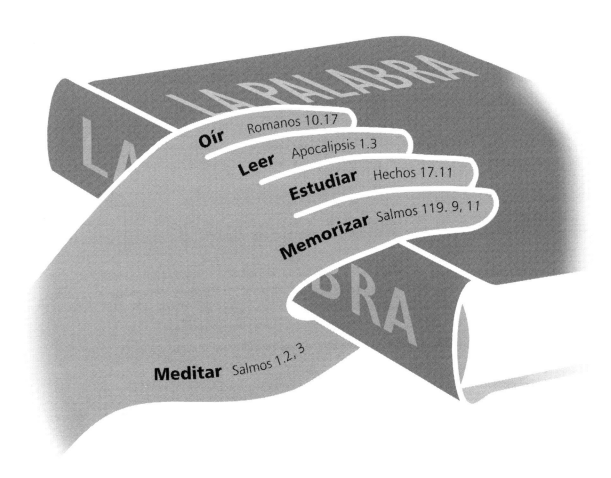

APÉNDICE 20

Documentando su tarea

Una regla para ayudarle a dar crédito a quien merece crédito

Instituto Ministerial Urbano

El *plagio intelectual,* significa usar las ideas de otra persona como si fueran suyas sin darles el crédito debido. En cualquier tarea académica, *plagiar* o usar las ideas de otro sin darle crédito, es igual que robarle su patrimonio. Estas ideas pueden venir del autor de un libro, de un artículo que usted lea, o de un compañero de clase. El *plagio* se evita archivando e incluyendo cuidadosamente sus "notas prestadas" (notas del texto, notas al pie de la hoja del texto, notas al final de un documento, etc.), y citando las "Obras" donde aparecen las "notas prestadas", para ayudar a la persona que lee su tarea, a conocer cuando una idea es de su propia innovación o cuando la idea es prestada de otra persona.

Cómo evitar el plagio intelectual

Se requiere que agregue una cita, cada vez que use la información o texto de la obra de otra persona.

Cómo usar referencias de las citas

Todas las referencias de citas, tradicionalmente se han hecho de dos formas:

- Notas en el texto del proyecto o tarea estudiantil, agregadas después de cada cita que venga de una fuente exterior.

- La página de las "Obras citadas", está en la última hoja de la tarea. Ésta da información de la fuente citada en el proyecto o tarea.

Hay tres formas básicas de notas: *Nota parentética, Nota al pie de la página,* y *Nota al final del proyecto.* En el INSTITUTO MINISTERIAL URBANO, recomendamos que los estudiantes usen notas parentéticas porque son las más fáciles de usar. Estas notas proveen: 1) el apellido del[os] autor[es]; 2) la fecha cuando el libro fue publicado; y 3) la[s] página[s] donde se encuentra la información. El siguiente es un ejemplo:

Cómo anotar las citas en sus tareas

Aprender como usar referencias de las citas, es altamente importante ya que este conocimiento lo tendrá que usar con cualquier otro curso, secular o teológico. De ser así, su tarea siempre será considerada con más credibilidad y confianza.

Al tratar de entender el significado de Génesis 14.1-24, es importante reconocer que en las historias bíblicas "el lugar donde se introduce el diálogo por primera vez es un momento importante donde se revela el carácter del discursante . . ." (Kaiser y Silva 1994, 73). Esto ciertamente es evidencia del carácter de Melquisedec, quien confiesa palabras de bendición. Esta identificación de Melquisedec como una influencia positiva, es reforzada por el hecho que él es el Rey de Salén, ya que Salén significa "seguro, en paz" (Wiseman 1996, 1045).

Documentando su tarea (continuación)

Cómo crear una página de "Obras citadas" al final de su tarea

Si el estudiante no adopta nuestra recomendación, tal como lo explicamos anteriormente, entonces todas las citas pueden ser incluidas *al final de cada página*, o en *la última página del proyecto* con una página de "Obras citadas". Ambas opciones deben ser así:

- Dar una lista de cada fuente que haya sido citada en esa página o en el proyecto

- En orden alfabético de apellido del autor

- Y añadir la fecha de publicación e información del editor

La siguiente es una explicación más completa de las reglas sobre citas:

1. Título

El título "Obras Citadas", debe ser usado y estar centrado en la primera línea de la página de citas (el único espacio es el margen de la hoja, no inserte ningún espacio antes del título).

2. Contenido

Cada referencia debe incluir:

- El nombre completo (primero el apellido, una coma, luego el nombre y punto)

- La fecha de publicación (año y un punto)

- El título (tomado de la tapa del libro), y cualquier información especial como impresión editada (Ed.), segunda edición (2ª Ed.), reimpresión (Reimp.), etc.

- La ciudad donde se localiza la casa editora; dos puntos, y el nombre de la editora.

3. Forma básica

- Cada pieza de información debe estar separada por un punto.

- La segunda línea de la referencia (y las siguientes líneas), debe estar tabulada una vez (una sangría).

- El título del libro debe estar subrayado (o en *cursiva*).

- Los títulos de artículos deben escribirse entre comillas (" ").

Por ejemplo:

Fee, Gordon D. 1991. *Gospel and Spirit: Issues in New Testament Hermeneutics.* Peabody, MA: Hendrickson Publishers.

Documentando su tarea (continuación)

4. Formas especiales

Un libro con autores múltiples:

> Kaiser, Walter C., y Moisés Silva. 1994. *Una Introducción a la Hermenéutica Bíblica: En Búsqueda del Significado.* Grand Rapids: Zondervan Publishing House.

Un libro editado

> Greenway, Roger S., ed. 1992. *Discipulando la Ciudad: Una Propuesta Comprensiva para Misiones Urbanas.* 2ª Ed. Grand Rapids: Baker Book House.

Un libro que es parte de una serie:

> Morris, León. 1971. *El Evangelio Según Juan.* Grand Rapids: Wm. B. Eerdmans Publishing Co. Comentario Internacional del Nuevo Testamento. Gen. Ed. F. F. Bruce.

Un artículo en un libro de referencia:

> Wiseman, D. J. "Salén". 1982. *Diccionario Nuevo de la Biblia.* Leicester, Inglaterra - Downers Grove, IL: InterVarsity Press. Eds. I. H. Marshall y otros.

(En las próximas páginas hay más ejemplos. Vea también el ejemplo llamado "Obras citadas").

Las normas para documentar obras académicas en las áreas de filosofía, religión, teología, y ética incluyen:

> Atchert, Walter S., y Joseph Gibaldi. 1985. *El Manual del Estilo de MLA.* New York: Modern Language Association.

> *El Manual de Estilo de Chicago.* 1993. 14ª Ed. Chicago: The University of Chicago Press.

> Turabian, Kate L. 1987. *Un Manual para Escritores de Tareas Universitarias, Tesis y Disertaciones.* 5ª edición. Bonnie Bertwistle Honigsblum, Ed. Chicago: The University of Chicago Press.

Para más investigación

Obras citadas

Fee, Gordon D. 1991. *El Evangelio y El Espíritu: Asuntos de Hermenéutica Neo Testamentaria.* Peabody, MA: Hendrickson Publishers.

Greenway, Roger S., Ed. 1992. *Discipulando la Ciudad: Una Propuesta Comprensiva para Misiones Urbanas.* 2ª Ed. Grand Rapids: Baker Book House.

Kaiser, Walter C., y Moisés Silva. 1994. *Una Introducción a la Hermenéutica Bíblica: En Búsqueda del Significado.* Grand Rapids: Zondervan Publishing House.

Morris, León. 1971. *El Evangelio Según Juan.* Grand Rapids: Wm. B. Eerdmans Publishing Co. *Comentario Internacional del Nuevo Testamento.* Gen. Ed. F. F. Bruce.

Wiseman, D. J. "Salén". 1982. En *Diccionario Nuevo de la Biblia.* Leicester, Inglaterra-Downers Grove, IL: InterVarsity Press. Eds. I. H. Marshall y otros.

Made in the USA
Las Vegas, NV
10 August 2023

75878630R00092